FACULTÉ DE DROIT DE PARIS

DU PIGNUS NOMINIS

ET

DU PIGNUS PIGNORIS

EN DROIT ROMAIN

DU GAGE

DES MEUBLES INCORPORELS EN DROIT FRANÇAIS

THÈSE POUR LE DOCTORAT

PAR

EUGÈNE VIGNERON

AVOCAT

L'acte public sur les matières ci-après sera soutenu *le mardi 6 mai 1884, à 8 heures*

PRÉSIDENT : M. CAUWÈS,

SUFFRAGANTS : MM. RATAUD, DEMANTE, GARSONNET, PROFESSEURS. JOBBÉ-DUVAL, AGRÉGÉ.

SAINT-MAIXENT

IMPRIMERIE DE CH. REVERSÉ

1884

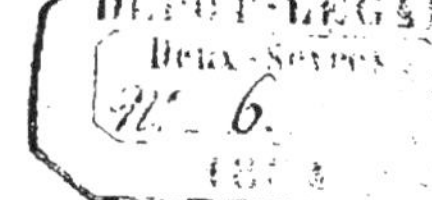

FACULTÉ DE DROIT DE PARIS

DU PIGNUS NOMINIS

ET

DU PIGNUS PIGNORIS

EN DROIT ROMAIN

DU GAGE

DES MEUBLES INCORPORELS
EN DROIT FRANÇAIS

THÈSE POUR LE DOCTORAT

PAR

EUGÈNE VIGNERON

AVOCAT

L'acte public sur les matières ci-après sera soutenu
le mardi 6 *mai* 1884, *à* 8 *heures*

PRÉSIDENT : M. CAUWÈS.

SUFFRAGANTS : MM. RATAUD, DEMANTE, GARSONNET, PROFESSEURS. JOBBÉ DUVAL, AGRÉGÉ.

SAINT-MAIXENT
IMPRIMERIE DE CH. REVERSÉ
1884

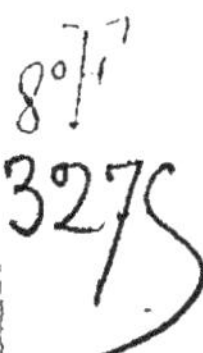

A mon père. — A ma mère.

DROIT ROMAIN

DU PIGNUS NOMINIS
ET DU PIGNUS PIGNORIS

INTRODUCTION.

Le développement du contrat de gage a suivi d'une manière parfaitement exacte le développement du commerce et de l'industrie à Rome. C'est à ce titre, quoique l'une des institutions juridiques les plus incomplètes, l'une des plus intéressantes à étudier. Reconstituer, en effet, les différentes formes par lesquelles a passé ce contrat, c'est retrouver les époques auxquelles les usages commerciaux des peuples voisins se sont introduits à Rome. Et lorsque l'hypothèque vint sous l'influence du préteur, transformer le gage, les derniers perfectionnements qui furent appliqués à ce pacte concordent encore avec l'accroissement des échanges et des richesses.

Cependant un fait singulier s'est produit, à l'occasion de ces moyens de crédit, gage ou hypothèque, et qui demeure pour nous un sujet d'étonnement. Le gage était sorti de la période grossière de la fiducie, pour revêtir la forme bien supérieure du *pignus,* quand le droit romain fut transformé par la science des grands jurisconsultes; les larges doctrines qu'ils enseignèrent firent repousser le rigoureux formalisme dont le droit était jusqu'alors entouré; tous les contrats furent jetés comme dans un moule nouveau qui leur imprima une nouvelle vie. Il semblerait qu'ils aient dû féconder aussi le gage par des règles favorables à la circulation toujours grandissante des richesses. Il n'en fut rien cependant; ils n'appliquèrent jamais à l'hypothèque ces deux grands principes de la spécialité et surtout de la publicité, de telle sorte que leurs solutions habiles, en cette matière, n'aboutirent qu'à créer un instrument de crédit aussi perfectionné que dangereux.

Les faits économiques qui se produisent dans toutes les sociétés amènent, en pratique, à se servir d'une loi pour un but tout autre que celui que le législateur s'était proposé. Ainsi verrons-nous dans la seconde partie de ce travail, lorsque nous traiterons du gage des meubles incorporels, que ce contrat créé de toutes pièces pour s'appliquer aux meubles corporels a, de nos jours, perdu en grande partie sa destination première et que les meubles incorporels, dont lors de la confection du Code on ne parla guère que pour ne pas les oublier, en sont de beaucoup l'objet le plus important. Ainsi se produiront, à Rome, des transformations successives de l'obligation combinée avec le mandat qui fourniront aux jurisconsultes le mode de cession des créances et dont la pratique s'emparera pour créer une nouvelle forme d'hypothèque : le *pignus nominis.*

Il nous faudra arriver à la période classique et même au Bas-Empire quand nous voudrons rencontrer le *pignus nominis* dans son complet développement. C'est une remarque à faire que les droits incorporels, ces choses qu'un effort d'esprit seul peut nous faire comprendre, n'apparaissent jamais comme moyens de crédit que dans les législations déjà savantes. L'état économique d'un peuple doit avoir pris une certaine extension quand les objets matériels ne suffisent plus à l'activité de sa circulation ; il faut bien alors chercher un élément nouveau à la transmission des richesses. C'est à ce moment que, guidés par la pratique, les jurisconsultes s'ingénient à trouver dans la loi un contrat dont ils puissent appliquer les règles et les formes à ce contrat de crédit qui fait défaut.

C'est à ces deux points de vue que nous allons étudier le *pignus nominis*. Après avoir jeté un coup d'œil rétrospectif sur le développement du gage à Rome afin de montrer pour quelles causes le *pignus nominis* ne pouvait alors exister, nous montrerons comment la pratique appliqua la théorie de la cession des créances à l'hypothèque des créances et enfin quelles solutions les jurisconsultes donnèrent dans les hypothèses variées que fit naître ce contrat.

Nous avons voulu examiner dans l'ensemble de ce travail le même instrument de crédit sous deux législations différentes : en droit romain la créance (car le *pignus pignoris* n'est qu'une variété du *pignus nominis*), le principal droit incorporel et même le seul important ; dans notre droit la sûreté correspondante mais se développant dans le champ plus vaste des meubles incorporels.

CHAPITRE PREMIER

L'OBLIGATION A ROME.

LE CRÉDIT DANS LE TRÈS ANCIEN DROIT.

Dans le très ancien droit l'idée que les Romains se faisaient de l'obligation est exclusive de tout droit de gage, au moins conventionnel. Le rapport d'obligation entre une personne et une chose appartenant à autrui ne s'y comprend pas. L'obligation est un lien de personne à personne; dans la cité aux proportions encore peu étendues et que l'on pourrait comparer à une petite ville du moyen âge, les relations entre les hommes sont trop étroites et les transactions trop peu développées pour qu'un autre motif que les rapports d'amitié ou de clientèle donne naissance à l'obligation. Le crédit, cette faculté que possède un individu de trouver les capitaux nécessaires pour rendre son travail fructueux, n'existe pas, à proprement parler. Les Romains, exclusivement adonnés à l'agriculture ou à la guerre, méprisent le commerce qu'ils abandonnent aux esclaves et songent peu par conséquent à le favoriser. A part quelques familles aristocratiques qui concentrent entre leurs mains toutes les richesses, c'est-à-dire tout le domaine public, Rome est pauvre; la fortune mobilière est presque nulle et les transactions se bornent à des échanges de produits de première nécessité. Dans un pareil état économique on comprend qu'on ne puisse guère rencontrer que le prêt de consommation, le seul contrat de crédit des peuples pauvres; il permettra à l'agriculteur malheureux de vivre en attendant la prochaine récolte ou la première guerre dont les fruits ou le butin lui permettront de rembourser le prêteur. Comment se figurer le gage à cette époque! le débiteur n'aurait rien à donner en nantissement si ce n'est quelques outils de labourage, quelques instruments de travail ; et le créancier ne peut les lui demander, ce serait condamner à jamais le débiteur à l'insolvabilité en le privant de son seul moyen d'existence. Voilà pourquoi le droit primitif ne comporte pas de sûreté réelle faisant abstraction de la personne de débiteur. Le prêteur se fie à la bonne foi de l'emprunteur qu'il connaît, qui est son client, et, si la situation de ce dernier est telle qu'elle ne puisse lui inspirer aucune confiance, dans l'impossibilité où se trouve le créancier de lui réclamer une sûreté réelle, il lui demandera une sûreté personnelle : des *sponsores*, des *fidepromissores*. Ce mode de garantie prendra une telle faveur qu'il subsistera pendant toute la législation romaine alors même que l'excellence du crédit réel aura été reconnue. Et cela se comprend, car trouver des garants honorables, comme devaient l'être les *sponsores*, c'était publier sa propre honorabilité, témoigner de la confiance que l'on inspirait et affirmer son crédit pour l'avenir.

Mais avec ou sans *sponsores*, la théorie de l'obligation est toujours la même, un rapport direct entre le créancier et le débiteur doublé, au cas de *sponsores* adjoints à l'obligation, d'une autre série de rapports entre eux et le créancier d'une part, entre eux et le débiteur d'autre part. De nos jours pareille garantie se retrouve encore dans le cautionnement ; le créancier y jouit d'une sûreté suffisante, mais le débiteur peut se soustraire aux obligations qui en résultent vis-à-vis du créancier et des cautions par la fuite ; à ce moyen il ne fallait pas songer dans la Rome guerrière entourée d'un cercle d'ennemis et le débiteur n'aurait pas trouvé près des peuples voisins et ennemis, où il eût été, au mieux, réduit en esclavage, plus de pitié que chez son créancier. Là cependant il y avait peu à espérer ; la loi romaine était terrible mais pratiquée dans toute sa rigueur. Dans les trente jours qui suivaient sa condamnation, si le débiteur ne trouvait pas l'argent nécessaire pour se libérer, il se voyait, après les formalités de la *manus injectio* adjugé comme esclave au créancier. Celui-ci avait alors le choix de le faire mettre à mort ou de le vendre ; puis les dépouilles du débiteur étaient partagées entre ses divers créanciers. Il fallait donc que par la mort ou l'esclavage le créancier supprimât la personne du débiteur pour arriver jusqu'à ses biens (Gaius, *Institutes*, IV, § 21 ; — Aulus Gellius, *Nuits attiques*, livre XX, Ch. 1, rapportant la loi des Douze Tables).

Gaius nous apprend toutefois que dès ce moment, soit en vertu d'une loi, soit par suite de la coutume on permettait dans certains cas une prise de gage que l'on nommait la *pignoris capio*. Introduite par l'usage pour les affaires militaires, elle fut étendue par la loi des Douze Tables aux créances ayant un but religieux (Gaius, c. IV, § 26, 27, 28). Ce n'était pas là sans doute l'exercice d'une action de la loi, car la saisie du gage avait lieu en l'absence du débiteur, même un jour néfaste et hors la présence du préteur. L'enlèvement par la force de l'objet qui devait assurer au créancier le remboursement de sa dette implique bien que cet objet ne pouvait être que corporel.

CHAPITRE II.

DE LA FIDUCIE.

Ces appréhensions violentes d'une chose pour servir de garantie à une dette durent faire naître de bonne heure dans l'esprit des Romains l'idée du gage conventionnel. Aussi le système de la *fiducie* remonte-t-il aux plus anciens temps du droit, il a dû suivre de bien près la coutume de la *pignoris capio.* La forme des contrats était, comme leur nombre, sévèrement réglée ; le contrat de gage n'existant pas, il fallut le jeter dans un moule déjà préparé. C'est ce qu'on fit au moyen de la *mancipatio* et de l'*in jure cessio.* Le débiteur aliénait complètement sa chose, mais pour qu'il pût en recouvrer la propriété lorsqu'il aurait remboursé, la *mancipatio* ou l'*in jure cessio* avait lieu *sub lege remancipationis* ou *sub fiducia*, c'est-à-dire en convenant avec le créancier qu'il remanciperait la chose après paiement. (Gaius, II, 60.) La tradition pouvait-elle servir pour les choses *nec mancipi*, au transfert de la propriété *pignoris causa*, c'est une question douteuse, mais en admettant même ce mode de nantissement, la mise en gage d'une créance n'en est pas moins impossible, ces trois modes de transmission de la propriété ne pouvant s'appliquer qu'à des objets corporels.

Le *pignus pignoris* se comprendrait à cette époque, car le créancier est propriétaire de l'objet donné en gage et peut en disposer sous réserve du recours du débiteur, mais c'est là une pure hypothèse qu'aucun texte ne confirme.

Cette organisation si primitive du gage fut en somme la meilleure de la législation romaine. Que l'on écarte en effet ce côté défectueux de la fiducie qui, rendant le créancier propriétaire, lui permettait, au mépris de la parole donnée, de transporter à un tiers la propriété, en supposant que le créancier soit un homme honorable, et nous avons à peu près les éléments de notre contrat de gage actuel : crédit pour le débiteur, sûreté absolue pour le créancier et publicité pour les tiers par les formalités solennelles de la *mancipatio* et de l'*in jure cessio* accomplies devant de nombreux témoins. Nous allons voir que cette dernière condition essentielle de tout contrat de crédit, la publicité, va disparaître dans le *pignus* et l'hypothèque.

CHAPITRE III.

DU PIGNUS.

Les objets que le débiteur donnait en garantie à cette époque où Rome n'avait pas été envahie par le luxe, étaient sans doute, en général, des objets de première nécessité. Les parties avaient donc toutes deux intérêt à la transformation de la fiducie, le débiteur pour rester en possession des objets nécessaires au travail qui devait le libérer de sa dette, le créancier pour laisser aux mains du débiteur le moyen de le rembourser. C'est la solution que fournit le *pignus*.

Dans ce contrat qui se forme par simple tradition, le créancier n'a plus la propriété de la chose, mais seulement la tradition, c'est déjà un progrès sur le contrat précédent, car sans qu'une *remancipatio* fût nécessaire, la dette payée, le débiteur redevenait plein propriétaire. De plus, en fait, la possession demeurait au débiteur, soit par un précaire, soit par un bail *nummo uno*.

Mais ici apparaît l'inconvénient du défaut absolu de publicité; rien n'empêchait le débiteur de se livrer à de nombreuses fraudes. Comment ne céderait-il pas à la tentation de se procurer des ressources en vendant le même objet qu'il déclarera libre de tout engagement? Et en pareille hypothèse les interdits ne suffisaient pas à protéger le créancier gagiste, car ils n'étaient donnés que contre l'auteur de la violence ou de la clandestinité.

Le seul droit du créancier gagiste consistait, en somme, à se faire mettre en possession et à retenir l'objet engagé jusqu'au paiement de sa créance. La pratique obvia toutefois à cet inconvénient de la manière suivante : un propriétaire pouvait donner ordre à un tiers de faire tradition de sa chose ; ce pouvoir devint de style en faveur du créancier dans le contrat de *pignus*, de telle sorte qu'il put à l'échéance aliéner la chose après en avoir repris la possession. (*Inst.*, l. II, I, 42, *De divisione rerum.*)

Pendant cette phase du gage une créance peut-elle servir de garantie ? Il semblerait que le terme de *pignus nominis* fît remonter à ce moment l'introduction de ce moyen de crédit. Mais les textes nous prouvent clairement que ce n'est que sous la période classique au plus tôt qu'apparaît le *pignus nominis*. Ce terme de plus ne peut être d'aucun poids dans la recherche de l'origine de ce contrat, car l'expression *pignus nominis* est d'un usage impropre ; le titre de la créance n'existait pas la plupart du temps ou ne servait que de moyen de preuve et jamais la remise du titre n'a été une des conditions essentielles du *pignus nominis*. L'hypothèque seule a frappé ce droit incorporal et le terme de *pignus nominis* vient de la confusion volontaire que les jurisconsultes établirent entre ces deux mots de *pignus* et d'*hypotheca* quand le premier de ces droits comprit le dernier, (l. 5, § 1, *Dig.*, XX, 1 ; — *Inst.*, § 7, *de actione* IV, 6.)

Quant au *pignus pignoris* il existait probablement avant l'introduction de l'hypothèque, mais portant seulement sur l'objet engagé au premier créancier et remis par lui au second créancier ; les jurisconsultes classiques nous en parlent en effet dans les textes du *Digeste* comme d'un usage ancien, mais on ne saurait conjecturer d'une façon précise à quelle époque il fut introduit par la pratique (l. 40, § 2, *Dig.* XIII, VII ; — l. 13,

§ 2, *de pignoribus*, XX, 1). Le champ est ouvert à toutes les suppositions et deux hypothèses au moins paraissent admissibles; peut-être se forma-t-il à la fin de la République quand les transactions commerciales eurent pris à Rome une extension appelant de nouveaux modes de crédit; peut-être a-t-il suivi de près la création du *pignus*, et il remonterait alors à une époque antérieure à la loi des Douze Tables. Nous reviendrons du reste sur ce sujet en traitant du *pignus pignoris* dans un chapitre qui lui sera spécialement consacré.

CHAPITRE IV.

DE L'HYPOTHÈQUE.

Les deux modes précédents, aliénation fiduciaire et *pignus*, au moyen desquels le créancier pouvait acquérir une garantie ne répartissaient pas d'une façon équitable les droits entre le créancier et le débiteur. Par l'hypothèque on parvint à conserver au débiteur la propriété et la possession des choses engagées, sans qu'il eût recours au bon vouloir du créancier, tandis qu'on assurait à celui-ci un droit réel sur ces choses le garantissant ainsi contre toute insolvabilité du débiteur et tout acte de disposition du chef de ce dernier.

L'hypothèque ne s'introduisit pas, comme on peut le penser, d'une seule pièce dans le droit romain. Il est bien rare qu'une théorie nouvelle prenne naissance dans une législation par la seule volonté du législateur. A de rares exceptions près, le fait précède le droit et la doctrine consacre seulement ce que l'usage avait dès longtemps établi. C'est ainsi que se forma l'hypothèque. Il est donc impossible de préciser l'époque à laquelle la doctrine en fut formée. C'est encore un problème de savoir si le premier pas que le préteur Servius fit dans cette voie lui fut inspiré par la connaissance des coutumes grecques ou si la notion de l'hypothèque était de beaucoup antérieure à l'action servienne (1).

Toujours est-il qu'au second siècle (2) les jurisconsultes traitent l'hypothèque comme une convention dont on se sert non-seulement dans les provinces grecques dépendant de l'empire, mais répandue dans l'empire entier et très usitée à Rome.

L'idée générale qui domine l'hypothèque est l'établissement d'une garantie certaine pour le créancier, aussi le préteur Servius donne-t-il au bailleur une action *in rem* pour assurer le paiement des loyers. C'est cette même action *in rem* qui, sous le nom d'*actio quasi-Serviana* ou *hypothecaria*, fut étendue par les préteurs postérieurs à la garantie de dettes de toute nature. Les Romains qualifiaient cette sûreté d'une expression très heureuse : *obligatio rei ;* c'est le lien direct que crée l'obligation entre une personue et une chose ; l'image supprime hardiment le débiteur pour laisser le créancier en face de l'objet sur lequel porte sa garantie. Et cependant l'expression est presque forcée, car le droit réel d'hypothèque n'a jamais été qualifié par les Romains de *jus in re ;* le préteur qui l'avait créé ne pouvait donner qu'une *actio in rem.*

(1) M. Jourdan soutient dans son livre sur l'*hypothèque* que cette sûreté fut créée à Rome par la coutume bien avant Servius, et que ce sont les Romains qui ont pris l'initiative de demander au préteur son appui pour faire respecter ce pacte, mais que celui-ci, par circonspection, ne leur accorda ce secours qu'au fur et à mesure de leurs besoins, d'abord l'interdit Salvien, puis l'action Servienne, enfin l'action quasi-Servienne.

(2) L'édit d'Adrien au commencement du deuxième siècle réglementait déjà l'hypothèque dont Neratius s'était même occupé auparavant (l. 4, *Dig.*, XX, 1).

Cette expression d'*obligatio rei* est, en outre, plus juste que celle de *jus in re*, car elle est appropriée à tous les cas d'hypothèque, alors même que celle-ci porte sur un objet qui ne saurait être frappé d'un droit réel, ainsi la créance.

La fortune de l'hypothèque vint de sa supériorité sur le *pignus*; embrassant toutes les hypothèses où ce dernier pouvait intervenir, elle permettait de plus l'engagement de choses incorporelles. Aussi la voyons-nous sous-entendue dans tous les cas où un *pignus* complet intervient, c'est à dire une tradition de l'objet au créancier; le grand avantage que celui-ci en retirera consistera dans l'exercice de l'action hypothécaire s'il a perdu la possession de la chose, action au moyen de laquelle il pourra recouvrer la chose en quelque main qu'elle soit passée.

La supériorité de l'hypothèque sur le *pignus* éclate encore dans son mode de constitution. A l'exemple de Servius les préteurs postérieurs autorisèrent l'hypothèque sur tous biens par simple convention, par un simple pacte, *nuda pactione*, tandis que le *pignus* était un contrat *re* qui ne se formait que par la remise de la chose au créancier.

CHAPITRE V.

---

§ 1. Origine de l'hypothèque.
§ 2. Voies d'exécution sur les biens.
§ 3. Lacune que combla le « pignus nominis. »

---

§ 1. *Origine de l'Hypothèque.*

On voit généralement dans ce terme d'hypothèque la preuve de l'origine grecque de ce pacte et il faut reconnaître que c'est avec juste raison. L'expérience nous montre en effet que l'introduction d'un mot étranger dans une langue concorde toujours avec l'introduction de l'usage étranger. On peut vérifier cela de nos jours : les mots anglais dont nous nous servons ne se sont acclimatés qu'avec l'importation de la chose qu'ils désignent. Supposons, pour prendre un exemple qui rende notre pensée plus saisissante, qu'on établisse chez nous un impôt frappant les revenus, comme cela se pratique en Angleterre, et que le terme d'*income-tax* passe dans notre langue, il sera facile aux historiens de l'avenir d'affirmer que nous avons connu la chose avant de nous servir du mot (1). Rien ne sera plus simple même que de trouver des traces de cet impôt. Mais cela empêchera-t-il que l'institution comme l'expression ne soient empruntées à l'Angleterre, ou, si l'on veut plus exactement, cette nation ne nous aura-t-elle pas précédé dans l'établissement de l'impôt sur le revenu, et ne nous serons-nous pas inspiré de l'*income-tax* ? De même, à Rome, rien ne ressemble plus à l'hypothèque que le *pignus* laissé en précaire aux mains du débiteur, mais la caractéristique de l'hypothèque c'est à partir de Servius seulement que nous la rencontrons, l'*actio in rem*. Nous savons de plus qu'à ce moment les transactions avec la Grèce étaient nombreuses, qu'y a-t-il d'étonnant à ce que l'institution grecque ait été transportée à Rome?

Le droit grec était bien supérieur au droit romain quant à l'hypothèque, et c'est même un argument de ceux qui repoussent l'origine grecque de l'hypothèque. Elle eût été empruntée toute entière au droit grec, nous dit-on ! La raison est spécieuse, mais n'est pas irréfutable. Cicéron dans ses lettres à Atticus (2) fait allusion à ce droit d'hypothèque et certes un jurisconsulte

(1) M. Jourdan. *De l'hypothèque*, pag. 167 et suiv. — Bachofen dit que « c'est un mot nouveau pour une vieille chose. »

(2) Cicéron. *Ad Atticum*, II, 17.

aussi éminent qu'il l'était eût pu transporter de Grèce à Rome la doctrine toute faite de l'hypothèque, mais n'est-il pas plutôt croyable qu'elle fut introduite par les traficants maritimes romains qui, à l'exemple des armateurs grecs, cherchèrent à utiliser pour leur crédit les objets exposés aux risques de la navigation : navires, marchandises et frêt, ce qui constituait l'objet d'une hypothèque maritime, la première forme connue de l'hypothèque à Athènes. Le préteur romain toujours à l'affût des innovations heureuses ne dut-il pas naturellement penser à appliquer aux Romains agriculteurs le bénéfice de cette institution dont les Romains marins faisaient l'essai ? En ce sens on pourrait dire que la chose a précédé le mot, mais de bien peu sans aucun doute. Notre conclusion est que l'hypothèque est d'origine grecque et qu'elle a été apportée probablement à Rome (car comment affirmer en pareille matière !) dans les plis des voiles latines.

§ 2. *Voies d'exécution à Rome sur les biens du débiteur.*

Si nous remarquons d'une part que le système hypothécaire tout entier a été édifié par le préteur et si nous considérons la nécessité à laquelle la mise en gage d'une créance est venue répondre, comme nous allons le montrer, nous sommes amenés à en conclure que le *pignus nominis* dut apparaître peu après que le préteur eût organisé l'exécution forcée sur les biens du débiteur.

Au septième siècle de Rome, le préteur Publius Rutilius, touché de la barbarie des procédés au moyen desquels on parvenait à vendre les biens du débiteur, donna les premiers moyens directs d'exemption sur les biens, et son œuvre fut continuée par ses successeurs.

A l'exemple de la *bonorum sectio* du droit civil le préteur (1), lorsque le débiteur était insolvable et de mauvaise volonté, saisissait ses biens et les faisait vendre par des *officiales* (l. 15, § 8, *Dig.* 42, 1). C'est ce que les Romains appelaient le *pignus judiciale* ou *pignus judicati captum.* Tout le patrimoine du débiteur étant saisi, objets corporels comme incorporels, on fut amené indirectement à porter atteinte au principe d'inaliénabilité des créances. Il s'en trouvait presque toujours dans les biens du débiteur ; le magistrat décidait alors lequel était préférable de les exercer au nom du *fraudator* ou de les vendre (l. 15, § 10, *Dig.* 42, 1).

Si le débiteur était simplement insolvable, sur la poursuite du plus diligent des créanciers le préteur prononçait la *missio in possessionem* en faveur de tous les créanciers (Gaius, III, 78, 80, 81 ; l. 12, *Dig.* 42, 5). L'ensemble des biens, *universitas,* était vendu devant le magistrat ; celui-ci, en vertu de son *addictio*, en accordait la propriété bonitaire au *bonorum emptor* qui offrait le dividende le plus élevé (2), c'était le *pignus prætorium.* Et pour permettre au *bonorum emptor* de revendre les biens qui lui avaient été adjugés, le préteur lui donnait toutes les actions appartenant au débiteur sous forme d'actions utiles. Par ce moyen il exerçait les créances comprises dans l'*universitas* et les actions utiles inverses permettaient aux créanciers communs d'agir contre lui.

(1) Gaius, IV, 146. La *bonorum sectio* était la vente en masse par l'État devenue propriétaire des biens d'une personne, au moyen d'une *addictio* prononcée par le magistrat. Le nom de *bonorum sectio* vient de ce que l'adjudicataire de ces biens revendait en détail. — M. Labbé à son cours.

(2) L'adjudication avait lieu non à un prix fixe, mais à un « tant pour cent. » — Le droit romain était, en ce point, supérieur au nôtre car la déconfiture y était organisée sur les mêmes bases que la faillite, de sorte qu'une égale répartition était toujours assurée entre tous les créanciers des débiteurs. Une seule exception était faite en faveur des commerçants par l'*actio exercitoria* sur la pécule du fils de famille ; nous la verrons bientôt.

Au Bas-Empire la *distractio bonorum* remplace sous Dioclétien la *venditio bonorum* (*Inst.*, XII, 3, pr.). L'intérêt était considérable pour le débiteur, car outre que la *distractio* n'entraînait pas l'infamie, elle substituait la vente en détail des biens et pour un prix en capital à la vente en bloc, pour un tant pour cent, de la *venditio.* C'était comme une sorte de saisie successive des biens du débiteur, à mesure que les créanciers se présentaient. Ce mode d'exécution bien supérieur au précédent devait donner de bien meilleurs résultats. Les créances étaient alors exercées ainsi que toutes les actions par le *curator* chargé des intérêts de tous les créanciers procédant au moyen des actions utiles.

Ces voies d'exécution sur les biens étaient complétées : par l'*action Paulienne* (*Digeste*, XLII, 8), au cas où les biens du débiteur ne suffisant pas pour désintéresser les créanciers, des aliénations consenties par le débiteur avaient augmenté son insolvabilité ; par les actions données *de peculio* aux créanciers contre le père de famille pour les dettes résultant de contrats ou quasi-contrats du fils de famille ou de l'esclave lorsqu'ils possédaient un pécule, mais seulement *quatenus peculium patitur;* enfin par les actions de *in rem verso* que les créanciers pouvaient exercer contre le père de famille, lorsqu'ils avaient fourni au fils de famille ou à l'esclave des ressources avec lesquelles le patrimoine du père de famille avait été utilement géré ; et par l'*actio tributoria* au moyen de laquelle les créanciers commerciaux qui avaient traité avec le fils de famille ou l'esclave autorisés par le père de famille à faire le commerce avec leur pécule, poursuivaient le pécule en écartant tous autres créanciers non commerçants (*Inst.*, IV, l. 7, § 3).

Lorsque le débiteur insolvable était décédé et que son héritier était lui-même insolvable la poursuite commune des créanciers se manifestait par la *separatio bonorum.* Après quoi la *missio in possessionem* leur permettait de se partager les biens. Ce mode d'exécution fut remplacé sous Justinien par la liquidation que faisait lui-même l'héritier ayant accepté sous bénéfice d'inventaire, mode bien inférieur au précédent puisque la répartition au marc le franc était remplacée par le paiement à chaque créancier dans l'ordre où il se présentait.

Dans le *pignus judicati captum*, dans le *pignus prætorium*, surtout dans la *distractio bonorum* nous trouvons en germe notre article 1166 qui permet maintenant à tout créancier d'exercer les actions appartenant à son débiteur. Mais, sauf dans les cas spéciaux des actions données de *peculio* et de *in rem verso* où le créancier cherchait à bénéficier seul de la poursuite qu'il exerçait, nous ne trouvons pas en droit romain de moyen direct pour un créancier de se faire payer sur les biens de son débiteur. Le principe de l'article 2092 du Code civil « les biens du débiteur sont le gage commun de ses créanciers, » existe bien, mais ce droit qui appartient à tous n'apparaît plus pour un seul, en ce sens que la poursuite d'un créancier ouvre l'action pour tous ; la saisie mobilière et immobilière comme conséquence d'une dette unique et la vente d'un seul objet du patrimoine sont inconnues.

§ 3. *A quelle nécessité répond le* pignus nominis.

L'action hypothécaire vint en partie combler cette lacune. Pour assurer l'exécution de son obligation le créancier demandera une garantie à son débiteur et sans se préoccuper dorénavant du concours qu'il aura à subir dans la *venditio bonorum* avec les autres créanciers, il saisira et fera vendre le bien engagé.

Mais une autre lacune au moins aussi sérieuse se présentait pour la conservation des droits du créancier. Jusqu'à son désaisissement le débiteur pouvait consentir toutes aliénations de son patrimoine, le diminuer, le dissiper à son gré et l'*action Paulienne* était la seule limite apportée à ce pouvoir de disposition, et encore l'exercice en était-il subordonné en cas d'aliénation à titre onéreux à la mauvaise foi de l'acquéreur, fait rare en soi et d'une preuve toujours difficile. Aucune mesure analogue à notre saisie-arrêt ou à notre opposition n'était connue.

C'est ici que nous apercevons toute l'utilité du *pignus nominis*. Il opère comme une véritable saisie-arrêt et permet, en outre, au créancier de s'adresser directement au débiteur de son débiteur.

On peut fort bien supposer que la science ingénieuse du préteur a créé de premier jet le *pignus nominis*. Mais il est plus probable qu'on le trouva, sans s'en douter, dans la pratique qui s'était introduite d'ajouter à la convention d'hypothèque sur un bien déterminé une clause subsidiaire d'hypothèque générale sur tous les biens du débiteur ; l'objet hypothéqué étant insuffisant pour désintéresser le créancier en vertu de l'hypothèque générale, celui-ci s'en prit au reste du patrimoine où il trouva des créances. Par quel moyen arriva-t-il à les exercer ? De quelle manière la convention d'hypothèque frappait-elle une créance ? C'est ce que nous allons bientôt examiner.

CHAPITRE VI.

ORIGINE DU « PIGNUS NOMINIS ». — SES RAPPORTS AVEC LA CESSION DE CRÉANCE.

La créance étant inaliénable en droit romain, il en résulta pendant longtemps pour le titulaire une grande difficulté pour en transporter le bénéfice à un tiers. On arrivait cependant indirectement à ce résultat, mais par deux procédés des plus défectueux. D'abord par la délégation, mais elle avait le grave inconvénient de nécessiter le concours du débiteur à l'acte et son consentement. Un autre moyen fut emprunté à la représentation en justice quand le système formulaire eut autorisé cette innovation. Le cessionnaire de la créance en vertu du *mandatum agendi* que lui avait conféré le cédant, intervenait à son lieu et place en justice, soit à titre de *cognitor*, soit comme *procurator*. Pour être préférable au précédent, ce procédé était encore bien imparfait. Le mandat ne résultait pour le *cognitor* que de paroles sacramentelles prononcées en présence de l'adversaire au procès, ce qui implique que la créance ne pouvait être cédée qu'au moment de l'échéance. Les pouvoirs du *procurator* ne nécessitaient aucune forme, mais comme le *dominus* pouvait renouveler le procès après que gain de cause avait été accordé au *procurator*, le cédé ne reconnaissait sa dette qu'après avoir obtenu la *satisdatio de rato*. Et l'innovation de Papinien, en faisant admettre que le *procurator præsentis*, c'est-à-dire institué en présence de l'adversaire au procès, était assimilé à un *cognitor*, ne fut pas d'un grand secours dans la cession de créance, car, si elle supprime la *satisdatio de rato*, la nécessité de la présence du débiteur cédé subsiste (*Institut.*, IV, 11, § 3). Enfin à toutes ces difficultés de constitution du mandat *ad litem* s'ajoutait encore la précarité des pouvoirs du cessionnaire que le cédant pouvait révoquer *ad nutum*.

Cependant il fallait bien se servir du seul moyen à la disposition des cédants, aussi chercha-t-on à le rendre pratique en convenant que le tiers chargé de recouvrer la créance serait dispensé de rendre compte. Peut-être aussi le magistrat atténuait-il les difficultés du mandat *ad litem* en accordant assez facilement et sans *satisdatio* la formule au *procurator*, quand le cessionnaire invoquait le mandat à ce titre pour poursuivre le débiteur. En fait, comme en droit, on parvenait ainsi à transférer définitivement une créance au moins à dater de la *litis contestatio ;* à ce moment le droit déduit en justice appartenait au cessionnaire et il en obtenait le bénéfice.

Cependant le procédé était toujours incomplet, car le créancier jusqu'à la *litis contestatio* pouvait révoquer le mandat et le débiteur gardait la faculté de se libérer en payant aux mains du cédant ; toutes les exceptions que le cédé acquérait contre le cédant étaient opposables au cessionnaire par voie de compensation. Enfin la mort du cédant ou du cessionnaire faisait disparaître la *procuratio in rem suam.*

En écartant successivement ces vices de la *procuratio in rem suam* on arriva à faire réellement de la créance une *res in commercio* d'un transfert facile; de ce jour elle devint vraiment un élément de crédit.

On réprima l'indélicatesse qu'il y avait de la part du débiteur cédé à payer au cédant au mépris des droits qu'il savait acquis au cessionnaire en le déclarant en pareil cas non libéré vis-à-vis de ce dernier. Mais encore fallait-il que le débiteur fût de mauvaise foi et que la preuve en fût fournie par le cessionnaire.

A partir du moment où l'*actio utilis* remplaça l'*actio mandata*, le cessionnaire mis au lieu et place du cédant n'eut plus à craindre de celui-ci la révocation de sa *procuratio in rem suam* ni à redouter l'effet extinctif que la mort produisait sur le mandat.

Une dernière amélioration restait à accomplir pour mettre le cessionnaire à l'abri de tout paiement fait à son préjudice par le débiteur et de toute convention libératoire qui pouvait intervenir entre celui-ci et le cédant. On la réalisa heureusement sous Alexandre Sévère, au plus tard, en permettant au créancier de se rendre maître du droit cédé vis-à-vis du débiteur, avec toute l'énergie que produisait la *litis contestatio,* par une *denunciatio*, c'est-à-dire la signification de la cession (l. 4, *Code*, VIII, 17, et l. 3, *Code*, VIII, 42).

La jurisprudence élargit encore cette théorie en sous-entendant la *procuratio in rem suam* dans tous les cas où elle était obligatoire, comme dans les ventes d'hérédités, puis généralisant cette idée, Ulpien proposa et fit sans doute admettre que, toutes les fois que le mandataire serait tenu de céder ses actions au mandant, les actions utiles seraient sans *procuratio* tenues pour acquises à ce dernier. De nombreuses lois appliquent la même doctrine à la cession de créances par quelque moyen qu'elle se produise.

Au dernier état de droit, sous Justinien, il n'est plus question de moyens détournés pour transporter la créance, la simple convention suffit et la cession résulte de la convention elle-même. L'utilité de la dénonciation subsiste cependant pour apprendre au débiteur la cession intervenue et le constituer de mauvaise foi s'il paie au préjudice du droit acquis au cessionnaire.

Indiquer le chemin parcouru par la cession de créances, comme nous venons de le faire, c'est donner la marche qu'a suivie en même temps l'hypothèque de la créance. En analysant le *pignus nominis*, en effet, nous y trouvons, gouvernée par les règles générales de l'hypothèque, un transfert de créance sous cette condition que le créancier hypothécaire ne serait pas payé à l'échéance.

Dans les développements qui précèdent nous avons fait remarquer que c'est au moment où l'*actio utilis* remplace l'*actio mandata* que la créance est vraiment *in commercio*. C'est le moment où nous voyons les jurisconsultes s'occuper du *pignus nominis*. Un des premiers textes qui s'en occupe est de Paul (l. 18, *princ.*, *Dig.*, XIII, 17), c'est-à-dire de l'époque où dans la doctrine d'Ulpien la *procuratio in rem suam* était sous-entendue et les actions utiles données directement au créancier.

CHAPITRE VII.

COMMENT SE CONSTITUE LE « PIGNUS NOMINIS. » — A QUELLES PREUVES IL PEUT OBLIGER LE CRÉANCIER ET LE CONSTITUANT.

Pignus nuda conventione contrahitur... (l. 1, *princ.*, *Dig.*, XIII, 7). *Contrahitur hypotheca per pactum conventum* (l. 4, *Dig.*, XX, 1). Ces deux textes nous indiquent d'une manière formelle qu'un simple pacte suffit à la constitution de l'hypothèque, le second surtout où Gaius développant sa pensée nous apprend que les termes importaient peu, pourvu que la convention d'hypothèque en résultât clairement, *nec ad rem pertinet quibus fit verbis.....*

A Rome le simple pacte, la convention entre les parties crée l'hypothèque de toutes pièces sans qu'il soit besoin de dresser un écrit, pas plus comme formalité substantielle que comme moyen de preuve. Les textes nous montrent l'éloignement dans lequel on tenait l'écriture; un témoin valait autant et mieux que la *cautio* la plus soigneusement dressée. Le fait réagissait-il contre le droit? attachait-on en pratique plus d'importance à l'écrit que les textes ne lui accordent? Un passage de Gaius tendrait à le prouver, car après nous avoir dit que l'écrit était d'un fréquent usage, il développe avec soin qu'il n'y faut pas voir une condition essentielle de la convention d'hypothèque, mais un simple moyen de preuve : *Et ideo et sine scriptura si convenit, ut hypotheca sit, et probari poterit, res obligata erit, de qua conveniunt. Fiunt enim de his scripturæ, ut quod actum est per eas facilius probari poterit; et sine his autem valet, quod actum est, si habeat probationem.....* (l. 4, *Dig.*, XX, 1).

C'est un point qu'il est encore souvent utile de nos jours de mettre en lumière, cette valeur de l'écriture qui varie suivant les cas où elle n'est qu'un élément de preuve de ceux où la loi l'exige comme une forme substantielle du contrat. Notre contrat de gage actuel nous fournit un exemple de la distinction qu'il y a lieu de faire dans les deux hypothèses selon que l'on envisage les rapports entre les parties, entre lesquelles la convention crée les obligations résultant du gage ou les rapports du créancier gagiste vis-à-vis des tiers ; à l'égard de ceux-ci le contrat n'a aucun effet s'il n'est constaté par écrit.

Si nous nous plaçons à l'époque où le *pignus nominis* a atteint son complet développement par la formalité de la *denunciatio*, notre convention se passera de la manière suivante : *Primus* étant créancier de *Tertius*, s'oblige envers *Secundus* et affecte, à la garantie de son obligation, sa créance sur *Tertius*. Nous nous servirons des termes plus clairs de *constituant* pour désigner *Primus*, débiteur principal ; de *créancier hypothécaire* ou plus brièvement *créancier* pour désigner *Secundus* et de *débiteur* pour désigner *Tertius*, débiteur de la créance hypothéquée.

En admettant que la créance hypothéquée soit manifestée d'une façon matérielle par l'écriture dans une *cautio*, elle n'en reste pas moins aux mains du constituant. Rien n'empêche cependant qu'il la remette au créancier comme il ferait d'un gage corporel. Au reste sous forme de *pignus* ou par convention d'hypothèque, les droits du créancier seront toujours les mêmes.

Aucune formalité n'étant d'une part nécessaire pour la constitution du pacte d'hypothèque, et l'opération au moyen de laquelle il est réalisé se traduisant, d'autre part, en une cession d'actions, il en résulte qu'en cas de difficultés sur l'existence ou la nature de la convention deux points seront à établir par le créancier : que l'accord des parties sur le pacte même d'hypothèque a été clairement manifesté, ce que prouveront l'écrit ou les déclarations des témoins; que c'est bien la créance même qui a été hypothéquée et non la chose qui fait l'objet de cette créance. Ce fait que l'hypothèque se constitue par une cession pourrait obliger le constituant, pour repousser les prétentions du créancier, à établir que la créance n'a pas été cédée purement et simplement et qu'elle n'a pas été l'objet d'une dation en paiement; le meilleur moyen évidemment d'arriver à cette preuve, c'est de faire reconnaître la convention d'hypothèque. Suivant les cas ce sera donc au créancier ou au débiteur à fournir la preuve de cette convention. — Il faut enfin prévoir que le créancier pourrait avoir encore à prouver qu'il a fait au débiteur la *denunciatio* et à quelle époque il l'a faite, si celui-ci avait payé le constituant au mépris de cette signification.

CHAPITRE VIII.

CRÉANCES QUI PEUVENT FAIRE L'OBJET D'UN « PIGNUS NOMINIS ».

Le principe est simple : toutes les créances peuvent être hypothéquées quelle que soit la prestation à laquelle elles obligent le débiteur, mais l'hypothèque étant le but et, la cession le moyen, quand on donne une créance en garantie, on comprend que la créance qui ne pouvait être cédée résistait par là même à toute convention d'hypothèque.

Ainsi était-il de l'action d'injures dans laquelle l'intérêt moral dominait, la condamnation pécuniaire n'étant qu'un accessoire. Un autre motif eut, du reste, suffi à rendre cette action incessible; le titulaire de l'action, l'offensé, pouvant l'anéantir à son gré en accordant le pardon à l'offenseur; un simple pacte produisait une extinction *ipso jure* (l. 11, § 1, *De injuriis*). Permettre l'hypothèque sur une créance de cette nature, c'eût été mettre le créancier à la merci du débiteur.

La même solution s'applique aux actions populaires dont personne ne peut avoir la faculté de disposer, car elles sont en dehors du patrimoine.

D'autres créances sont incessibles et par conséquent non susceptibles d'hypothèque pour ce motif que la considération seule du titulaire leur donne naissance, ainsi des créances d'aliments, de l'action tendant à la constitution d'une servitude personnelle.

Une constitution d'Anastase décida que le cessionnaire à titre onéreux d'un droit litigieux n'aurait action contre le cédé que jusqu'à concurrence de ses déboursés et des intérêts, mais la question de la validité d'une semblable hypothèque ne se pose pas, car ce prince autorisa formellement en pareil cas la convention d'hypothèque (l. 22, Code, *Mandati*, IV, 35).

Cette règle cependant que, le même mode servant à la fois à la cession de créance et à la constitution de l'hypothèque, il y a lieu d'appliquer à l'une et à l'autre les mêmes solutions, ne saurait être inflexible et il faut y apporter quelques exceptions. Par exemple la créance qui, d'après Dioclétien, ne peut être cédée à un *adversarius potentior* ou au tuteur du débiteur, sera valablement hypothéquée au profit de ces personnes, mais à condition toutefois que la créance ne passera pas entre leurs mains. Elles n'auront donc que le *jus vendendi* à l'exclusion du *jus exigendi*, ce dernier droit étant celui qui appartient au cessionnaire, sauf qu'ici il est limité à la valeur de l'obligation principale. Le droit romain interdit au tuteur de se rendre cessionnaire d'une créance appartenant à son pupille; sur la vente même qui interviendra comme conséquence de l'exercice de son *jus distrahendi*, il ne pourra surenchérir. (Nous nous bornons à mentionner le *potentior*, les textes manquent de précision au sujet de la qualité, de la fonction qui constituait une personne *potentior* par rapport au débiteur.)

En dehors de ces exceptions assez restreintes nous retrouvons notre principe : toute créance portant soit sur une chose mobilière ou immobilière, tendant à une prestation quelconque en nature ou en argent peut être hypothéquée. Mais le désir qu'implique la convention d'hypothèque de la part du créancier d'être payé à l'échéance, autorise à penser que généralement la créance, le *nomen*, sera d'une somme d'argent; ainsi le remboursement sera plus prompt qu'avec une créance ayant un meuble pour objet, car, en ce cas, le créancier devait se faire mettre en possession et vendre ensuite le meuble, ce qui ne lui assurait pas un résultat certain comme le paiement d'une somme d'argent. La plupart des textes qui traitent du *pignus nominis*, nous donnent en exemple des créances portant sur des sommes d'argent (l. 20, *Dig.* XX, 1 ; — l. 18, *princ.* XIII, VII). Ils nous indiquent que..... *les loyers d'une maison pouvaient être hypothéqués....., le créancier hypothèque le billet que lui a souscrit son débiteur.....* Il faut reconnaître cependant que plusieurs passages parlent aussi de créances portant sur des meubles, c'est donc plutôt en nous fondant sur l'intention des parties que nous pensons que l'hypothèque des créances de sommes d'argent devait dominer.

La source principale des obligations à Rome, le contrat par excellence, la stipulation, était aussi le mode principal par lequel se constituaient les créances. Par une seule stipulation ou par des stipulations successives le débiteur reconnaît la dette quant au capital et aux intérêts pendant l'époque classique, puis on finit par admettre qu'un pacte ajouté *in continenti* serait regardé comme une des clauses de la stipulation. *Pacta in continenti facta stipulationi inesse.....* (Paul.) — L'hypothèque portera donc souvent tout à la fois sur des conventions de cette nature : stipulation et pactes réunis.

Le *mutuum* d'argent, le seul qui ait un caractère vraiment pratique, ne fut pas en ce point modifié comme la stipulation et même à la fin de la période classique, un pacte ne peut intervenir pour aggraver la situation du débiteur, au moins en matière d'argent. Les intérêts ne sauraient être compris dans l'action qui naît de ce contrat, la *condictio*. C'est encore une des formes que revêtait la créance hypothéquée.

Enfin une troisième source de créances de sommes d'argent se rencontrait dans l'obligation *litteris*: Gaius nous le dit formellement. Des développements qu'il nous donne sur ce contrat, il ressort d'une manière certaine qu'il affectait à son époque deux formes : la première, sous le nom de *nomen transcriptitium*, consistait dans la mention portée, suivant la formule, par le citoyen romain sur ses *tabulæ* ou *codex*. Le fait générateur de l'obligation est l'écrit, avec cette particularité que l'obligation résulte de la mention unique du créancier..... *expensum Titio decem.....* sans qu'elle ait besoin d'être confirmée par une mention corrélative sur les *tabulæ* du débiteur..... *Acceptum a Titio decem.* Cette faculté qui paraît à première vue exorbitante en ce qu'elle donne à une personne le moyen de se créer des débiteurs, était singulièrement diminuée par l'*exceptio non numeratæ pecuniæ* qui, en fin de compte, mettait à la charge du créancier la preuve de la numération des espèces. (Gaius, IV, 128 à 135.)

La seconde forme de l'obligation *litteris* se subdivisait en *chirographa* et en *syngraphæ*. Les *syngraphæ* émanaient des deux parties et étaient rédigés en double; chacune des parties contractantes conservait un original. Les *chirographa* étaient souscrits par le débiteur seul et remis au créancier. (Asconius, *Ad Ciceronem in Verrem*, Act. II, l. 1, § 36.) — D'abord usités chez les Pérégrins, ils furent ensuite adoptés par les Romains, ce qui témoigne de la faveur avec laquelle la pratique les voyait. Les jurisconsultes toutefois, par aversion pour ces modes nouveaux d'obligation, n'en parlent qu'avec une grande réserve, comme s'ils n'osaient pas donner d'opinion sur leur valeur juridique. Aussi cette indécision des textes fait-elle encore discuter la question de savoir si ces *chirographa* et ces *syngraphæ* constituaient par eux-mêmes une forme d'obligation ou n'étaient que des moyens de preuve. Nous n'entrerons pas dans les détails de cette longue controverse, nous bornant à prendre parti pour l'opinion qui voit dans ces écrits une variété de l'obligation *litteris*. Cela nous semble résulter d'un texte de Gaius : *Litterarum obligatio fieri videtur chirographis et syngraphis.....* Sous Justinien le contrat *litteris* tout entier a disparu, on ne retrouve dans les textes du *Digeste* ou du *Code* le terme de *chirographa* que comme synonyme de *cautiones*, c'est-à-dire un écrit destiné à servir de simple moyen de preuve. Les *Institutes* parlent encore, pour conserver la division ancienne des quatre contrats, d'une obligation *litteris*, mais ce n'est qu'une confusion, car Justinien veut aussi désigner la prescription de l'exception *non numeratæ pecuniæ*, prescription qui agissait sur la preuve, mais non sur le droit (*Inst.*, III, 21, *princ.*) — En somme dans le dernier état du droit les deux grandes sources des obligations portant sur des sommes d'argent se trouvent dans le *mutuum* et dans la stipulation.

La modalité dont la créance hypothéquée est affectée n'a aucune influence sur la convention d'hypothèque. Peu importe donc que la créance soit pure et simple ou à terme, ou sans condition, de choses futures. Le créancier hypothécaire ayant le droit d'exercer le *nomen*, il en résulte, en outre, que tous les accessoires de la créance sont affectés au même titre qu'elle l'est elle-même; le *pignus nominis* sera renforcé en pareil cas par les sûretés réelles ou personnelles qui le consolident.

CHAPITRE IX.

PERSONNES QUI PEUVENT CONSTITUER ET ACQUÉRIR UN « PIGNUS NOMINIS ».

---

§ 1. Qui peut constituer un « pignus nominis ». — § 2. Qui peut acquérir un « pignus nominis ».

---

§ 1. *Qui peut constituer un* pignus nominis.

En régle générale pour être valablement constitué il suffit que le *pignus nominis* soit donné par une personne qui ait la libre disposition de la créance.

Nous mentionnerons en premier lieu le propriétaire de la créance. Ce droit de libre disposition se rencontre encore dans l'usufruit; il résulte de là qu'à partir du moment ou par extension du sénatus-consulte rendu au commencement de l'Empire et permettant l'usufruit des choses qui se consomment *primo usu,* les jurisconsultes eurent fait admettre l'usufruit sur toutes choses incorporelles, l'usufruitier d'une créance put l'hypothéquer (l. 3 et 4, *Dig.* VII, 5).

De même, le créancier gagiste constituera une hypothèque valable sur l'objet engagé, hypothèque éventuelle toutefois, comme son propre droit de gage et qui s'évanouira, au moins sous les premières formes du *pignus nominis*, quand le constituant aura payé sa dette. Nous verrons en étudiant le *subpignus* qu'il se transforma peu à peu et finit par donner au second créancier une sûreté sérieuse ; à ce moment il se confond avec le *pignus nominis*, et le *pignus pignoris* devient une opération usuelle.

Le fils de famille et l'esclave, lorsque la libre disposition de leur pécule leur a été accordée, pouvaient engager la créance qu'ils avaient contre un tiers, puisqu'ils eussent pu en pareil cas la céder (l. 1. § 1, *Dig.* XX, 3 ; — l. 18, § 4, et l. 19, *Dig.* XIII, 7). Mais comme ce ne sont que des administrateurs généraux du pécule, apprécier l'étendue de leur pouvoir de disposer sera surtout une question de fait : *Facti tamen est questio, si quæratur, quousque ei permissum est videatur peculium administrare.*

Le tuteur aura le même pouvoir pour une créance appartenant à son pupille, si aucune loi ne s'y oppose et en supposant que l'emprunt pour lequel l'hypothèque a été donnée fût contracté dans l'intérêt du pupille. Pour les mêmes causes pareille convention est permise au curateur d'un mineur de vingt-cinq ans ou d'un *furiosus* (l. 16, *pr. de pign. act. Dig.*).

Un fondé de pouvoirs n'engagera valablement le *nomen* appartenant à son mandant qu'autant qu'il en aura reçu un pouvoir spécial (l. 12, *Dig.* XIII, 7). Mais jusqu'à la constitution de Justinien sur les effets du mandat, ces effets se réalisaient dans la personne du mandataire, sauf que depuis Ulpien le mandant était tenu par suite de l'action utile qui compétait au créancier.

Le sénatus-consulte Velléien fournit une exception au principe de la libre disposition de son bien par le propriétaire. La femme ne pouvant plus, à partir de ce sénatus-consulte, intercéder pour autrui, la constitution d'une hypothèque consentie par elle pour garantir la dette d'autrui eût donc été nulle, par suite de l'aliénation éventuelle que contenait l'hypothèque. Cette garantie cependant était valable quand elle avait été dictée par une pensée certaine de libéralité de la part de la femme envers autrui, car l'intercession seule lui était interdite, mais non la donation. Telle est la loi sous la période classique.

Des édits antérieurs de Claude et d'Auguste avaient déjà défendu à la femme de s'obliger pour son mari ; en pareil cas l'hypothèque eût donc suivi le sort de l'obligation principale (l. 1, § 4, *Dig.*, XX, 1).

Sous Justinien l'intercession pour un tiers est admise quand la volonté de s'obliger est manifestée par la femme d'une manière sérieuse ; lorsqu'elle résulte par exemple d'un écrit revêtu de la signature de trois témoins ou qu'elle est réitérée après un intervalle de deux années. Mais si l'intercession se produit en faveur du mari, elle est radicalement nulle ; l'incapacité de la femme ne tient plus à son sexe mais à sa position de femme mariée.

Un fils de famille ne pouvait pas emprunter à moins qu'il ne possédât un pécule *castrense* ou *quasi-castrense*; si donc, il contractait un emprunt et qu'un tiers donnât pour lui en garantie une hypothèque, un texte de Gaius nous apprend que le débiteur du gage pouvait invoquer l'exception du sénatus-consulte macédonien, comme le pouvait un fidéjusseur, c'est-à-dire s'il n'avait pas agi *animo donandi..... Sed et in eo qui pro filio familias rem suam obligavit eadem dicenda erunt, quæ tractantur et in fidejussore ejus* (l. 2, *quæ res. pign. Dig.*, XX, 3).

Du principe qu'il faut avoir au moins la libre disposition du *nomen* pour l'hypothéquer, on déduirait rigoureusement cette conséquence que l'engagement de la chose d'autrui est radicalement nul. Les textes qui ont trait à cette hypothèse parlent des choses corporelles et sont muets sur le *pignus nominis*, mais, le cas étant possible et vraisemblable d'une convention de *pignus nominis* portant sur un *nomen* dont un tiers est titulaire, il nous semble utile de rappeler les règles que l'on peut au moins appliquer par analogie.

Le créancier n'acquerra pas, par la constitution de cette hypothèque sur un *nomen* n'appartenant pas au constituant, le droit à l'action utile au moyen de laquelle il se paierait par compensation, mais le contrat de *pignus* n'en est pas moins formé. On ne peut comprendre facilement que le créancier soit mis en possession dans le *pignus nominis*, aussi omettons-nous à dessein de parler de l'action en revendication qui, pour les choses corporelles, appartient en ce cas au *verus dominus* et de l'action *pignoratitia directa* qui peut être exercée après le paiement de la créance principale par le constituant pour se faire remettre la chose appartenant à autrui qu'il aurait engagée. Mais en revanche, par suite de la convention d'hypothèque, l'*actio pignoratitia contraria* naîtra au profit du créancier, soit pour obtenir un nouveau gage, soit pour se faire indemniser du préjudice que le constituant lui a causé. Les textes indiquent même que l'emploi de l'*actio pignoratitia contraria* était surtout fréquent à propos de la convention de *pignus* d'une *res aliena*.

Si le *non-dominus* constituant n'avait pas agi de bonne foi, c'est-à-dire, avec la croyance qu'il était titulaire du *nomen* sur lequel il a consenti l'hypothèque, il était passible d'une action criminelle, le *crimen stellionatus*. Mais l'erreur du constituant ne pouvait en aucun cas le soustraire à l'*actio pignoratitia contraria* (l. 16, § 1, *de pig. act.*, XIII, 7), à moins que cette erreur n'eût pas été partagée par le créancier.

Il convient d'ajouter que le *nomen* dont un tiers était propriétaire, pouvait être valablement engagé, si le tiers y consentait, ou si, même engagé à son insu, le tiers ratifiait par la suite le pacte d'hypothèque (l. 20, *pr. de pign. act.*, XIII, 7).

§ 2. *Quelles personnes peuvent acquérir un* pignus nominis.

Du caractère accessoire de cette convention il résulte qu'elle ne peut être consentie qu'au profit du titulaire de l'obligation qu'elle garantit, le créancier; mais faut-il encore que celui-ci soit capable de contracter d'une manière générale et d'une manière spéciale, quant à l'hypothèque, c'est-à-dire qu'aucune disposition ne lui enlève la faculté de recevoir pareille sûreté et qu'il puisse exercer de plus les actions qui résultent de l'hypothèque.

Ainsi les militaires, les femmes et les *personæ turpes* ne purent pendant longtemps ni donner, ni recevoir un *mandatum ad litem*, absolument nécessaire pour bénéficier de l'hypothèque dont on n'usait que par la *procuratio in rem suam*. Cette prohibition est, au reste, déjà tombée en désuétude sous le droit classique, ainsi que nous témoigne un texte de Paul (*Sent.*, I, 2, § 2), et à cet état du droit, l'incapacité de figurer dans un mandat *ad litem* n'est qu'une conséquence de l'incapacité générale de contracter qui frappe certaines personnes.

Recevoir une hypothèque c'est rendre sa condition meilleure puisque c'est assurer le paiement de sa créance, mais c'est aussi rendre sa condition pire en ce que le constituant acquiert l'*actio pignoratitia directa* contre la créancier; et cette dernière considération, peu justifiée, si l'on songe à l'intérêt réel du créancier, fait cependant frapper de nullité par Nodestin le *pignus* accepté par le pupille sans l'autorisation de son tuteur (l. 38, *Dig.*, XIII, 7). Cette solution ne devait probablement s'appliquer qu'au *pignus* proprement dit, rarement à l'hypothèque d'une chose corporelle où le créancier, n'étant pas en possession, échappait presque toujours à l'*actio pignoratitia directa* et presque jamais, sans aucun doute, à l'hypothèque d'une créance où l'exercice de cette action paraît n'avoir dû se présenter que bien rarement. Du reste l'*auctoritas* du tuteur se manifestait valablement à l'époque où, le pupille, sa créance étant échue et non payée, usait contre le *pignus nominis* de son *jus vendendi* ou de son *jus exigendi* ; et l'*auctoritas* avait pour effet de mettre le débiteur à l'abri de tout recours et lui permettait de payer sa dette au pupille.

CHAPITRE X.

COMPARAISON ENTRE L'HYPOTHÈQUE ET LE « PIGNUS NOMINIS ».

Précisons d'abord la nature de l'hypothèque en général et du droit qui en résulte, ce sera le meilleur moyen de montrer les différences profondes qui la séparent du *pignus nominis* et qui s'imposeront quand nous ferons l'analyse de cette convention.

L'hypothèque est un droit réel sur un bien affecté à la sûreté d'une dette, droit en vertu duquel le créancier non payé à l'échéance se met en possession du bien et le vend pour se payer avec le prix. Elle implique encore, comme conséquence du droit réel dont elle munit le créancier, le droit de suite, qui permettra au créancier de méconnaître toute aliénation postérieure et de se faire délaisser la chose à l'échéance par tout détenteur.

Cette définition et ces caractères généraux ne peuvent plus s'appliquer à notre créance, droit essentiellement personnel; le *pignus nominis* est donc une garantie d'une nature toute spéciale.

La définition de l'hypothèque a été contestée par suite de l'impossibilité qu'il y a de l'étendre au *pignus nominis*. On a soutenu que l'expression plus vague mais aussi plus saisissante d'*obligatio rei* convenait mieux à ce droit qui évoquait principalement l'idée de garantie, sans caractère déterminé de réalité. Et l'on a même été jusqu'à prétendre que le droit d'hypothèque n'existait pas, mais seulement l'action hypothécaire. Enfin un auteur allemand, Zimmern, a voulu établir que l'action hypothécaire n'existait pas non plus et que la convention d'hypothèque ne donnait au créancier qu'un *mandatum agendi et alienandi,* une cession d'actions ; ces trois systèmes invoquent pour arriver à leurs solutions le terme d'*obligatio rei* par lequel ils définissent l'hypothèque........ Employée aux situations les plus diverses, cette expression, disent-ils, n'a jamais voulu désigner forcément un droit réel. Il suffit pour répondre à cela de se rappeler que l'*actio in rem* que confère l'hypothèque a tous les caractères de la revendication. Sous le système formulaire, en effet, l'*intentio* est conçue dans le même sens et la condamnation qui résulte de l'action est la même : ou la chose, ou la valeur de l'objet *si res pignorata non restituatur lis adversus possessorem erit æstimanda.* (l. 21, § 3, *Dig.* XX. 1)..... *Tanti condemnabitur quanti actor in litem juraverit, sicut in cœteris in rem actionibus.* (l. 16, § 3, *Dig.* XX. 1).....

Ces textes nous prouvent donc d'une manière absolue que l'hypothèque était considérée comme un droit réel et l'exception qui résulte de la nature toute spéciale d'un objet hypothéqué comme une créance ne peut porter atteinte à la définition que nous en avons donnée.

Cette réalité de l'hypothèque est même si bien dans la pensée des jurisconsultes romains qu'ils la comparent à l'aliénation (l. 7, *Code* IV, 51). Et n'est-ce pas une véritable aliénation que le *pignus nominis*? N'est-il pas constitué par une cession d'action? Et si un droit réel ne s'en suit pas c'est que la nature seule de l'objet engagé s'y oppose.

Analysons maintenant le *pignus nominis :* la garantie porte sur une créance, et qui dit créance dit droit personnel. Il semble alors que la constitution d'une hypothèque frappant un objet de cette nature porte à faux et ne doive avoir aucune efficacité. Comment établir en effet au profit du créancier ce droit réel qui est la caractéristique du pacte d'hypothèque garantissant avec certitude le remboursement de la dette? Il a même paru à certains auteurs que c'était là une conséquence si nécessaire de l'hypothèque, que ce droit réel, qu'ils ont, à ce sujet, édifié une nouvelle théorie de la réalité. Ce qui, pour eux, imprime à un droit le caractère de réalité, c'est que le titulaire puisse l'exercer directement sans avoir à s'adresser à la personne qui représente ce droit; quelle différence alors, disent-ils, peut-on établir entre la faculté que l'on octroie à un tiers de jouir d'une chose comme propriétaire ou comme usufruitier, qualités qui donnent certainement un droit réel, et la faculté que l'on accorde à un tiers d'user d'une créance avec tous pouvoirs pour en poursuivre le remboursement et en conserver le bénéfice? Et ils concluent, imitant, à leur sens, le préteur quand il voulut autoriser la tradition et la possession des choses incorporelles, en déclarant que l'hypothèque sur la créance donne au droit qui en découle un caractère de quasi-réalité. Cette doctrine soutenue en Allemagne est très généralement repoussée en France. C'est un exemple des conséquences auxquelles peut amener un raisonnement mécanique. Il n'est pas de bonne raison, du reste, pour s'arrêter en si belle voie, et comme le dit judicieusement M. Jourdan, dans son traité sur l'*hypothèque* : « Je vous constitue un usufruit sur « mon fonds, voilà un droit réel, à plus forte raison si je vous « vends le fonds lui-même. Je vous donne une hypothèque sur « ma créance, voilà, dites-vous, un droit réel, à plus forte « raison ce me semble, si je vous cède purement et simplement « cette créance : ma créance est donc aussi un droit réel, car « j'ai le droit exclusif de me faire payer. » Et cette hypothèque sur une créance serait même, peut-on ajouter, un droit réel beaucoup plus stable que l'hypothèque portant sur un meuble, puisque le meuble peut être soustrait à l'action du créancier, alors que rien ne saurait porter atteinte au lien de droit qui affecte le *nomen* au remboursement du créancier. A ce compte tous les droits seraient réels et ce serait peine inutile de rechercher des droits personnels ; ceux-ci donnant en effet toujours à leur titulaire le pouvoir de les exercer exclusivement, on doit logiquement leur reconnaître un caractère de quasi-réalité !

Laissons donc de côté cette théorie insoutenable pour rechercher quelles sont les particularités de cette forme exceptionnelle d'hypothèque, le *pignus nominis.*

Prenons l'exemple déjà cité : *Primus* donne en garantie d'un emprunt qu'il a contracté vis-à-vis de *Secundus*, une créance qu'il possède contre *Tertius.* Le développement historique du *pignus nominis* nous a montré que la cession était le moyen d'établissement de ce pacte. Seulement l'intention des parties limite cette cession à l'intérêt que le créancier peut avoir d'en user. Nous pouvons, de suite, tirer de là deux conséquences : la première est que, si le créancier est payé de la dette principale, le droit qu'il a acquis à la cession éventuelle s'évanouit ; la seconde est que, si le créancier n'est pas payé, son droit à la cession éventuelle prend naissance mais se borne à due concurrence : le *nomen* est-il inférieur à la dette ? il sera absorbé tout entier ; est-il supérieur ? portion égale à la dette sera seulement cédée. (l. 4, *Code*, VIII. 7).

Cette cession est donc consentie sous cette réserve *si le créancier n'est pas payé à l'échéance*. Elle est donc conditionnelle. Son but est de constituer au profit du créancier hypothécaire un droit exclusif sur le *nomen*, avec la même énergie que le gage sur un objet corporel. C'est donc une *cessio pignoris causa* (1).

La formule posée, on voit donc qu'il y a lieu d'appliquer distributivement à notre sujet les règles de la cession et de l'hypothèque. C'est ce que nous avons fait par avance pour la cession en énumérant comme susceptibles d'hypothèque seulement les créances qui peuvent être cédées. Il nous reste à préciser les droits que le pacte d'hypothèque confère au créancier et l'action par laquelle il exercera ses droits ; enfin quelles sont vis-à-vis de ce créancier les positions respectives du constituant et du débiteur.

(1) MM. Pellat ; *Du droit de gage et d'hypothèque*, p. 73. — Accarias : *op. cit.*, tome I, § 286. — Jourdan ; *De l'hypothèque*, ch. XXX.

CHAPITRE XI.

EFFETS DU « PIGNUS NOMINIS ».

§ 1. Vis-à-vis du constituant.
§ 2. Vis-à-vis du créancier hypothécaire.
§ 3. Vis-à-vis du débiteur.

§ 1. *Effets du* pignus nominis *vis-à-vis du constituant.*

Le constituant reste propriétaire et possesseur du *nomen*, car la cession éventuelle n'aura son effet qu'au jour de l'échéance s'il ne rembourse pas ; il peut donc, jusqu'à cette époque, user de tous les droits que lui confère son titre de propriétaire. La situation du créancier hypothécaire lui attribue des pouvoirs très restreints jusqu'au jour d'exigibilité de la dette, car les moyens préservatoires n'existent pas en droit romain ; il n'aura que la ressource commune à tous les créanciers de faire déclarer par le préteur en cas d'insolvabilité du débiteur du *nomen*, le *bonorum venditio*, mais encore faut-il que le *nomen* soit échu ou que sur la poursuite d'un autre créancier la *missio in possessionem* ait été accordée par le magistrat ; en ce dernier cas il sera appelé à produire le *nomen*. (La créance sera vendue ou recouvrée alors : dans le *pignus judiciale* par les *officiales* du magistrat ; dans le *pignus prætorium* par le *bonorum emptor ;* dans la *distractio bonorum* du Bas-Empire par le *curator* qui représente notre syndic actuel et remplace l'*officialis*). Il est évident que le *nomen* vendu ou touché, la somme qu'on en retire ne sera pas remise au constituant, quand le créancier hypothécaire aura fait valoir ses droits, mais qu'elle sera consignée, sans aucun doute, jusqu'à échéance de la dette hypothécaire, époque à laquelle répartition en aura lieu entre le créancier hypothécaire, le constituant et les autres créanciers.

Le but de l'hypothèque, pour n'être pas atteint par les mêmes moyens, soit qu'elle porte sur des choses corporelles ou sur des créances, est identique, et semblable est le résultat : une sûreté absolue qui ne soit pas compromise comme dans le *pignus* véritable par suite de la dépossession du créancier ; un avantage pour le constituant en ce que la chose hypothéquée peut lui servir à nouveau d'instrument de crédit (l. 17, *Dig.*, XX, 4). — Il résulte de là que le constituant doit avoir toute faculté de disposer de sa créance, soit en la cédant, soit en la frappant d'une autre hypothèque. Mais le droit du créancier hypothécaire ne pouvant être atteint par tout acte postérieur à l'hypothèque, du fait du constituant, celui-ci ne pourra transporter plus de droits qu'il n'en a lui-même ; le *nomen* sera donc transmis grevé de l'hypothèque.

Les textes nous apprennent que, la plupart du temps, la vente de la chose hypothéquée n'était consentie par le constituant qu'à la charge pour l'acquéreur de désintéresser le créancier hypothécaire. L'acquéreur du *nomen*, par l'effet de la *successio in locum*, prenait alors la place du créancier hypothécaire. Cette opération ne pouvait porter aucun préjudice au créancier, car le constituant n'était déchargé de son obligation personnelle qu'après le paiement de la dette hypothécaire, à moins que le créancier n'ait accepté l'acquéreur comme délégué ou n'ait mis le constituant hors de cause, par une expromission. A cette opération le créancier n'adhérait évidemment que si le prix de la cession lui paraissait égal ou supérieur à celui qu'il eût pu retirer du *nomen*.

Le constituant pouvait cependant céder sa créance, sans obliger l'acquéreur à payer son prix aux mains du créancier hypothécaire, mais sous peine de commettre un stellionat, il était obligé d'annoncer le droit dont était grevé le *nomen*. De même rien ne l'empêchait de constituer de nouvelles hypothèques, mais toujours sous peine de stellionat s'il ne déclarait pas l'hypothèque, à moins toutefois que la valeur du *nomen* ne mît le dernier créancier en complète sécurité (l. 36, *Dig.*, XIII, 7).

Nous verrons plus loin que la concession d'un nouveau droit sur le *nomen* pouvait causer un préjudice au créancier, surtout avant l'introduction de la *denunciatio,* aussi comprend-on la clause du pacte d'hypothèque qui interdisait au constituant de céder la créance. Un texte de Marcien nous dit que cette convention devait être observée et que la cession en pareil cas serait nulle.... *et certum est nullam esse venditionem ut pactioni stetur.....* (l. 7, § 2, *de Dist. pign.,* XX, 5).

Mais là s'arrêtait le pouvoir de disposition du constituant sur la créance. Aussi lui était-il interdit de la toucher si elle venait à échéance avant la dette principale, et le débiteur averti par la *denunciatio* pouvait et devait se refuser à la lui payer ..... *si convenerit ut nomen debitoris mei pignori tibi sit, tuenda est a prætore hæc conventio ut et te in exigenda pecunia et debitorem adversus me si cum eo experiar, tuatur* (l. 18, *pr., Dig.*, XIII, 7). Le débiteur toutefois, pouvant avoir intérêt à payer, se libérait en déposant la somme aux mains d'une personne désignée par le préteur.

§ 2. *Effets du* Pignus nominis *vis-à-vis du créancier hypothécaire.*

A. Les clauses que peut contenir le *pignus nominis*. — La *lex commissoria*. — L'*actio utilis* résultant du *pactum*. — *B*. Du *jus vendendi*. — *C*. Du *jus exigendi*.

A. — Le pacte d'hypothèque établi, la *cessio pignoris causa* dénoncée au débiteur, le créancier est en sécurité absolue ; il n'a plus qu'à attendre le jour de l'échéance. Pour qu'à ce moment apparaisse la nécessité de se servir de l'hypothèque, il faut supposer, bien entendu, que la dette principale reste impayée, car si le créancier est remboursé l'hypothèque s'éteint par voie de conséquence.

Supposons donc le constituant dans l'impossibilité de satisfaire à son engagement ; il va falloir que, par un moyen quelconque, la chose hypothéquée prenne jusqu'à due concurrence la place de l'obligation principale. Le créancier a le choix pour arriver à ce résultat entre deux procédés : le *jus vendendi* et le *jus exigendi*.

Mais avant de revenir à ces moyens extrêmes, le créancier, par suite d'une clause du *pignus nominis*, pouvait remplacer sa créance, qu'il considérait désormais comme éteinte, par le *nomen* hypothéqué dont il devenait le seul titulaire (*Fragmenta Vaticana*, § 9) : *Creditor a debitore pignus recte emit sive in exordio contractus ita convenit, sive postea...* Cette clause du pacte d'hypothèque que l'on nomme *lex commissoria* était sans doute fort ancienne et remontait au temps de la fiducie où elle pouvait avoir l'heureux résultat de décharger le créancier, déjà propriétaire de l'obligation de remanciper la chose engagée. La constitution par laquelle, en l'an 380, Constantin la prohiba, témoigne qu'elle fut usitée pendant toute la période classique. Il n'est pas douteux, par exemple, que la généralité des termes de cette constitution ne l'ait défendue aussi bien pour les choses incorporelles que pour les choses corporelles : *Quoniam inter alias captiones præcipue commissoriæ pignorum legis crescit asperitas, placet infirmari eam et in posterum omnem ejus memoriam aboliri. Si quis igitur tali contractu laborat, hac sanctione respiret, quæ cum præteritis presentia quoque repellit et futura prohibet. Creditores enim, re amissa, jubemus recuperare quod dederunt...* Les considérations (l. 3, *Code*, L. VIII, 35, Constantin) qui ont dicté cette loi à Constantin sont très puissantes; le constituant, en effet, est toujours enclin à penser que le remboursement de sa dette lui sera facile et à consentir à toutes les clauses que demande le créancier, sans se préoccuper de la valeur de l'objet hypothéqué, pourvu qu'on lui fournisse l'argent dont il a besoin. Mais est-il vrai de prétendre que la *lex commissoria* soit particulièrement dangereuse quand elle est contenue dans un *pignus nominis*, ainsi que le dit M. Jourdan (dans son traité de l'*Hypothèque,* chapitre XLI), le constituant devant consentir plus facilement l'abandon d'une créance que d'un meuble corporel; n'est-ce pas plutôt dans la proposition contraire que l'on trouverait la vérité? les valeurs du *nomen*, en effet, et de la dette principale sont exactement déterminées et s'imposent à l'esprit du constituant qui ne consentira à la *lex commissoria* qu'au cas où la balance s'établit entre les deux créances. Et en admettant même qu'il souscrive, pressé par le besoin, à une *lex commissoria* captatoire, la différence sensible de valeur entre les créances aura encore l'heureux effet de lui faire sentir le danger qu'il y aurait à ne pas rembourser à échéance.

Si la constitution de Constantin a radicalement empêché toute *lex commissoria* dans l'hypothèque des choses corporelles en fait comme en droit, il n'en est pas de même, en réalité, pour le *pignus nominis*. Après la prohibition de Constantin, en effet, une convention qui, sous le droit classique, existait parallèlement à la *lex commissoria* subsista. Les parties pouvaient convenir qu'à défaut de paiement, le créancier deviendrait propriétaire, en vertu de l'acquisition qu'il ferait de la chose hypothéquée moyennant un juste prix, fixé à l'échéance et s'imputant alors sur la dette (l. 16, § 9, *Dig.*, XX, 1). S'il s'agit d'un objet corporel, on comprend la raison qui a dicté ce rescrit aux empereurs Sévère et Antonin ; à l'échéance il faut bien que le constituant se libère et autant vaut qu'il vende à juste prix au créancier que de laisser ce dernier vendre à un tiers. Mais si nous supposons un *pignus nominis* contenant cette clause permise, quelle différence, au résultat, va-t-elle avoir avec la *lex commissoria* défendue ? Que le prix soit fixé seulement à l'échéance, ou qu'il soit fixé immédiatement, *in exordio*, ne sera-t-il pas toujours de partie du *nomen*, au prorata de l'obligation principale? car, ainsi que nous l'avons dit, si le constituant consent à la *lex commissoria*, c'est que le *nomen* est de valeur égale à la dette principale.

Une autre convention était encore permise, mais elle n'avait lieu que postérieurement au pacte d'hypothèque au moment de l'échéance ; le constituant consentait au créancier vente de l'objet hypothéqué moyennant l'extinction de la dette. Cette convention, quoique n'ayant plus aucun rapport avec la *lex commissoria*, car elle ne lie pas le constituant au moment de la convention d'hypothèque, aboutit encore au même résultat, car le prix de la cession qui se compensera avec la dette principale sera égal au montant du *nomen* (*Fragmenta Vaticara*, § 9).

Supposons maintenant qu'aucune de ces conventions n'a eu lieu et plaçons-nous à l'échéance. Le constituant est dans l'impossibilité de rembourser, quels vont être les droits du créancier ? Deux moyens s'offrent à lui : Par le *jus exigendi*, il touchera directement du débiteur le *nomen* et se paiera par compensation ; par le *jus vendendi*, il cèdera à un tiers son propre droit sur la créance ; celui-ci deviendra cessionnaire et en exigera le remboursement à l'échéance. Le premier moyen était usité par le créancier lorsque le *nomen* était déjà exigible, le second quand l'échéance en était encore éloignée. Ces deux procédés sont clairement indiqués dans la constitution de l'empereur Gordien : *Ordinarium visum est post nominis venditionem, utiles emptori, sicut responsum est, vel ipsi creditori postulanti dandas actiones* (l. 7, *Code*, IV, 39). L'action utile était donc, selon la décision prise par le créancier, accordée, soit à l'acquéreur, soit au créancier lui-même. Ulpien nous confirme encore la délivrance par le préteur dans ces actions utiles dans un passage du *Digeste* (l. 20, *Dig.*, XX, 1). Mais malheureusement ces deux textes sont muets sur le point de savoir quelle est au juste cette *actio utilis*. Il vient tout naturellement à l'esprit que l'action hypothécaire est commandée par les principes généraux ; aussi les anciens commentateurs l'admettaient-ils (Cujas, *M. Pauli, edict*, l. XXIV : *ad legem* 18, *pr. de pign. act.*, *Dig.*, XIII, 7). Doneau le premier s'éleva contre cette doctrine : *Eam hypothecariam intelligere non possumus,* dit-il ; *hæc enim possessionem pignoris avocat* ; *nomen autem jus est, cujus nulla est possessio!!..* Et il conclut : *Restat igitur ut utilem actionem hic interpretemus actionem in personam qualem creditor adversus debitorem suum haberet.* Doneau avait jugé, avec raison, que l'action hypothécaire étant *in rem* elle ne pouvait servir à poursuivre le remboursement d'une créance, droit essentiellement personnel. N'est-ce pas au reste la conséquence obligée de l'analyse que nous avons faite du *pignus nominis* ? c'est une cession *pignoris causa,* c'est donc par la même voie qu'un cessionnaire pur et simple que le créancier exercera son droit hypothécaire, par l'*actio mandata* dans le principe, puis par l'*actio utilis* quand elle a été substituée à la première. Le *jus vendendi* du créancier ne saurait du reste produire en faveur de l'acquéreur une action autre qu'une action personnelle; l'acquéreur n'est qu'un cessionnaire du constituant par l'intermédiaire du créancier, c'est donc avec l'action personnelle du constituant qu'il poursuivra le débiteur en remboursement du *nomen*.

B. Du *jus vendendi*. — La dette principale est échue, le *nomen* n'est pas encore exigible, le créancier hypothécaire veut user de son *jus vendendi*; quelles formalités doit-il observer? Il faut remarquer que nous supposons un pacte d'hypothèque dans le dernier état du droit où le *jus vendendi* est devenu de l'essence du gage ou bien un pacte d'hypothèque du droit classique dans lequel le créancier ne s'est pas interdit le *jus distrahendi* (l. 4, *Dig.*, XIII, 7). Le créancier usera lui-même du *jus distrahendi*; il vendra lui-même et à l'amiable. Une constitution d'Alexandre Sévère nous apprend cependant qu'il devait prévenir le débiteur, mais aucun texte ne l'oblige à une publicité (l. 4, *Code*, VIII, 28; — l. 6, *Code*, VIII, 26).

Le droit de vendre fut réglementé à nouveau par Justinien; le pacte d'hypothèque indique-t-il la manière dont le créancier non payé devra procéder à la vente, cette convention sera respectée. Que si rien n'a été convenu, le créancier fera une sommation, puis attendra un délai de deux ans, après quoi il vendra à l'amiable. Enfin une clause du *pactum* enlève-t-elle au créancier le pouvoir de vendre, il pourra passer outre, mais seulement après avoir fait au constituant une *denunciatio*. Et ce n'est qu'en observant scrupuleusement ces formalités que le créancier transmettra à l'acquéreur la propriété du *nomen*.

Au cas où, la créance hypothéquée étant à une échéance éloignée ou paraissant à l'acquéreur d'un recouvrement douteux, la cession en aurait été consentie à un prix trop bas, le constituant se ferait indemniser par le créancier au moyen de l'*actio pignoratitia directa*.

La créance vendue, le créancier hypothécaire paiera sur le prix, que l'obligation soit civile ou naturelle, que le constituant ne puisse momentanément satisfaire à ses engagements ou qu'il soit complètement insolvable, eût-il même été frappé par la *bonorum venditio*. C'est ce qui constitue pour le créancier l'exercice de son droit de préférence.

Notons cependant que le pacte d'hypothèque ne doit pas augmenter l'insolvabilité du constituant au détriment des créanciers communs. On a distingué deux cas dans l'exercice de l'action Paulienne en pareille hypothèse. La sûreté a-t-elle pris naissance en même temps que l'obligation principale; elle ne pourra être atteinte que comme conséquence de la rescision de l'obligation principale par l'action Paulienne. Mais si l'hypothèque est constituée en garantie d'une dette préexistante, elle tombera sous le coup de l'action Paulienne indépendamment de l'obligation principale et sera traitée comme un acte à titre gratuit (l. 10, § 13, *Dig.* XXXXII, 8).

Il arrivait, et le cas devait être fréquent en matière de créance, que le créancier ne trouvait pas d'acquéreurs. Le créancier hypothécaire s'adressait alors à l'empereur qui pouvait, après estimation de la chose, lui en conférer la propriété. C'était comme une sorte d'expropriation. Cette procédure était déjà usitée sous le droit classique ; le créancier devait au moins avant Justinien, à propos de cette requête, faire une certaine publicité pour prouver qu'il n'avait pu trouver d'acquéreur.

Justinien a réglé à nouveau le moyen par lequel le créancier se ferait conférer la propriété de la chose hypothéquée. A l'échéance le créancier fait une première *denunciatio* au constituant et laisse deux années s'écouler ; si pendant ce laps de temps il ne trouve pas d'acheteur, seconde *denunciatio ;* le juge fixe alors un délai pour le paiement, passé lequel le créancier s'adresse à l'empereur qui lui attribue la propriété moyennant estimation. Enfin pendant un dernier délai de deux ans le constituant peut reprendre sa chose moyennant le remboursement de l'estimation au créancier (l. 3, *Code*, VIII, 34). A la décrire seulement, on voit que l'innovation de Justinien n'était pas heureuse; aussi lente dans sa marche que compliquée dans ses détails, elle supprime de plus toute publicité. Aussi est-il probable qu'elle ne s'appliquait guère aux créances; le créancier hypothécaire ne devait pas accepter souvent un *nomen*, en hypothèque, à une échéance de six ans au moins postérieure à celle de la créance garantie et qui l'obligeait à recourir au moyen d'appropriation introduit par Justinien.

Le créancier a vendu le *nomen;* de quelle garantie est-il tenu vis-à-vis de l'acheteur? En principe, de bonne foi, il n'est responsable que du défaut de droit en sa personne. Et si le créancier a déclaré vendre à ce titre, il n'est plus garant vis-à-vis du cessionnaire. Si nous supposons donc que la créance hypothéquée appartenait à une personne autre que le constituant, par suite du paiement fait par le cessionnaire au créancier hypothécaire, la dette principale est éteinte, mais l'acquéreur aura du chef du créancier, qui doit la lui céder, l'*actio pignoratitia contraria*, pour réclamer le montant du prix qui a libéré le constituant.

C. Du *jus exigendi.* — Le droit que le *pignus nominis* confère au créancier de toucher le *nomen* et de se payer par ses propres mains jusqu'à due concurrence est de beaucoup préférable au premier, et c'est celui dont il usera le plus souvent. Nous supposons ici le cas habituel où le *nomen* est une créance de somme d'argent. L'opération est simple et la liquidation sera facile; le *nomen* est-il inférieur à la dette qu'il garantit, le créancier en conservera le montant intégral; est-il supérieur, il sera tenu au besoin par l'*actio pignoratitia directa* de restituer au constituant ce qu'il aura touché au-delà de la créance principale.

Mais nous devons aussi prévoir le cas où le *nomen* est d'un corps certain? Un texte de Marcien (l. 13, § 2, *in fine*, *Dig.*, XX, 1) nous indique bien la satisfaction qui va être donnée au créancier : *Si quidem pecuniam debet is, cujus nomen pignori datum est, exacta ea creditorem secum pensaturum; si vero corpus is debuerit, et solverit, pignoris loco futurum apud secundum creditorem.* Et Paul nous donne en termes presque identiques la même solution : *Ergo si id nomen pecuniarium fuerit exactam pecuniam tecum pensabis; si vero corporis alicujus, id, quod acceperis, erit tibi pignoris loco.* (l. 18, *pr. in fine, Dig.*, l. XIII, VII.) Deux points ressortent clairs de ces textes, le premier c'est que le créancier hypothécaire du *nomen* d'un corps certain exerce à l'échéance son *jus exigendi* en se faisant mettre en possession de l'objet, le second qu'il détiendra désormais ce corps certain *pignoris loco*. Cette expression un peu vague de *pignoris loco* a donné naissance à une sérieuse difficulté. Faut-il lui donner un sens large et accorder au créancier une véritable hypothèque? Doit-on au contraire prendre ces termes dans un sens restrictif et admettre que le créancier n'a qu'un simple droit de rétention? Des auteurs, notamment en Allemagne, ont soutenu cette dernière doctrine en se fondant sur ce que les mots de *pignoris loco* peuvent se traduire souvent par droit de rétention, et surtout sur les deux textes cités dans lesquels ils trouvent que les jurisconsultes romains ont mis en parallèle l'exception de compensation qui compète au créancier, si le *nomen* est d'une somme d'argent et l'exception de rétention si le *nomen* est d'un corps certain. Il suffirait pour répondre à cela d'analyser la convention des parties : le créancier n'a-t-il pas voulu acquérir un droit complet d'hypothèque et non un simple droit de rétention qui deviendrait illusoire si le débiteur remettait le *corpus* à un tiers ou au constituant lui-même? Mais les titres mêmes dans lesquels ces deux textes sont cités (*De pignoribus et hypothecis — De pignoratitia actione vel contra*) n'impliquent-ils pas que les termes de *pignoris loco* doivent s'entendre d'un droit plus complet que la rétention. Enfin on peut ajouter que le scoliaste des Basiliques traduit *pignoris loco* par ὑπόθηκης δικαίῳ. Nous rangeant à la première opinion, nous considérons que le créancier a sur l'objet dont il a la possession une véritable hypothèque, qu'il n'a rien à craindre, par suite, de la perte de la détention et qu'il pourra user de tous les droits que confère l'hypothèque ordinaire, droit de suite, droit de vente, droit de préférence.

§ 3. *Effets du* pignus nominis *vis-à-vis du débiteur.*

Quoique le débiteur, dont la créance a été hypothéquée, ne soit pas partie au contrat, nous avons déjà vu cependant que, par une action reflexe, il est tenu, à partir de la *denunciatio* de certaines obligations, à l'endroit du créancier. Cette *denunciatio* que nous ne connaissons qu'imparfaitement et, dont nous ne savons pas la formule, devait probablement porter sur deux points : l'échéance de la dette principale, terme avant lequel le débiteur ne devait pas payer entre les mains du créancier ; le montant de cette dette pour indiquer au débiteur quelle somme il aurait à verser au créancier, le surplus devant être remis au constituant. (l. 4, *Code* VIII, 17.)

La liquidation des dettes et des obligations réciproques était facile si le *nomen* hypothéqué venait à échéance en même temps que l'obligation principale ou seulement après. Au premier cas le créancier usait du *jus exigendi*, au second il attendait en sûreté l'échéance du *nomen* ou le réalisait de suite au moyen de son *jus distrahendi*. Mais qu'arrivait-t-il si le *nomen* échéait avant la dette principale? les textes ne nous fournissent aucune solution, mais on peut conjecturer que l'intérêt du débiteur, qui pouvait avoir de justes raisons de se libérer, commandait qu'il eût la faculté de déposer la somme aux mains d'une personne désignée par le magistrat. Si le débiteur marchait à l'insolvabilité, le créancier aurait-il pu le contraindre à ce dépôt? on ne peut toujours que le supposer.

Le lien que la *denunciatio* a créé entre le débiteur et les parties au pacte d'hypothèque, met obstacle à ce que le débiteur oppose au créancier le *beneficium excussionis* que la novelle 4 (chap. 2) accorde au tiers acquéreur du bien hypothéqué contre le constituant et les débiteurs accessoires. A la dèfférence du tiers détenteur, le débiteur du *nomen* est personnellement tenu, aussi n'a-t-il aucune raison pour écarter la poursuite du créancier.

Pourvu qu'il ne compromît pas le droit du constituant sur la portion du *nomen* qui dépassait sa garantie, le créancier pouvait, la dette principale échue, faire telle convention qu'il lui plaisait avec le débiteur. Ainsi rien ne l'empêchait de recevoir une prestation autre que celle promise par le *nomen*, de repousser l'échéance du *nomen*, de le nover, d'accepter une délégation, de faire remise de la dette au débiteur.

CHAPITRE XI.

EXTINCTION DU « PIGNUS NOMINIS ».

Nous ne passerons pas en revue toutes les causes qui entraînent l'extinction du *pignus nominis*; disons seulement qu'en règle générale, les mêmes modes s'appliquent à l'hypothèque et au *pignus nominis.* Il disparaîtra par voie de conséquence lorsque le créancier sera payé, toutes les fois, plus généralement, que la dette principale s'éteint elle-même *jure prætorio* ou *jure civili.* Il s'éteindra par voie principale lorsque l'hypothèque disparaîtra soit par la vente du *nomen*, soit par la renonciation du créancier, soit par la prescription libératoire de quarante ans imaginée par Justin, soit par confusion, c'est-à-dire par la réunion sur une même tête de deux des qualités du constituant, de créancier ou de débiteur.

Ce dernier mode, particulier à notre sujet, en ce qu'il met en jeu les trois personnes qui figurent dans le *pignus nominis,* mérite quelque attention. Voyons les trois hypothèses qui peuvent se présenter.

Si nous envisageons le cas où par suite d'une *successio in universum jus* la confusion se produit entre la personne du constituant et du créancier, la créance garantie par l'hypothèque va disparaître, car la même personne ne saurait être à la fois créancière et débitrice. Les rapports entre le débiteur et le *successor in universum jus* redeviennent ce qu'ils étaient entre le débiteur et le constituant avant le pacte d'hypothèque. Et peu importe que le constituant ait succédé au créancier ou celui-ci à celui-là ; c'est toujours par l'action personnelle que le remboursement de la créance sera poursuivie; car, ou bien cette action revient intacte au pouvoir du constituant *successor*, et la créance hypothécaire seule est éteinte, ou bien elle est acquise au créancier dans la *successio*, et non plus alors limitée au *quantum* de la dette hypothécaire, mais comprenant le *nomen* en entier.

La confusion se produisant de créancier à débiteur, il en résulte une situation dans laquelle le *successor* se trouve créancier hypothécaire du constituant tout en étant son débiteur. Il opposera donc au constituant la compensation au prorata de la dette hypothécaire.

Enfin les qualités de débiteur et de constituant sont confondues ; ici le *successor* sera tenu à un double titre. Aussi le créancier pourra-t-il le poursuivre non-seulement par l'action de la dette principale, mais encore par l'action hypothécaire. L'hypothèque ne peut plus subsister sur la créance de constituant à débiteur puisque le lien de droit qui la formait entre eux ne subsiste plus, mais elle survivra sur l'objet du *nomen*, quand cet objet était un corps certain. Car, en définitive, la confusion ne peut avoir pour effet de préjudicier au créancier.

CHAPITRE XII.

CONCOURS ENTRE PLUSIEURS CRÉANCIERS AYANT HYPOTHÈQUE SUR LA MÊME CRÉANCE.

On peut prévoir deux hypothèses.

Dans la première nous supposons qu'aucun des créanciers n'a fait la *denunciatio* au moyen de laquelle le débiteur était averti de l'engagement du *nomen*, ou nous nous plaçons à l'époque avant laquelle la *denunciatio* fut introduite. Si les difficultés quant à la preuve du *pactum* d'hypothèque et quant à la date de sa constitution devaient être considérables, la théorie du concours entre les créanciers est des plus simples. Gouvernées par la règle : *prior tempore, potior jure* (l. 4, *Code*, VIII, 18), chaque hypothèque prendra rang du jour de sa constitution et c'est dans cet ordre que le prix de la créance sera successivement distribué à chaque créancier. Il pouvait arriver toutefois qu'en l'absence de toute *denunciatio*, le débiteur payât aux mains d'un créancier primé par des hypothèques antérieures ; si le *nomen* portait sur un corps certain les créanciers antérieurs faisaient valoir leur droit hypothécaire et, usant de leur *jus possidendi*, enlevaient l'objet au créancier postérieur. Si le *nomen* était d'une somme d'argent, la règle *prior tempore, potior jure* s'appliquait toujours à la distribution du prix; mais si le créancier postérieur avait consommé de bonne foi les écus, le droit des créanciers antérieurs s'évanouissait ; il ne leur restait plus qu'à recourir contre le constituant.

Dans la seconde hypothèse avec la *denunciatio* la difficulté se complique. Le rang se règle-t-il comme dans notre cession de créance par la priorité de la signification ? On serait tenté de l'admettre, et, cependant, il faut écarter cette doctrine, car elle serait en opposition, d'une part, avec le but que le législateur romain s'est proposé en introduisant la *denunciatio* et, d'autre part, avec la maxime *prior tempore, potior jure* qui a toujours été la règle suivie dans les rapports entre créanciers hypothécaires, la publicité n'ayant jamais été posée en principe. Les jurisconsultes, en effet, ont créé la *denunciatio* pour la cession de créances, d'où elle a été transportée dans le *pignus nominis*, pour paralyser la mauvaise foi du cédant qui pouvait enlever au *procurator* le bénéfice de la cession en exigeant le paiement du cédé. On comprend donc que les heureux effets de la *denunciatio* dans le *pignus nominis* se produisent en ce sens que le débiteur ne pourra plus se libérer aux mains du constituant et anéantir ainsi, de collusion avec ce dernier, le droit hypothécaire du créancier. Mais là dut s'arrêter l'effet de la *denunciatio* ; elle ne saurait avoir aucune influence dans les rapports entre les créanciers. Par application de ces idées, nous déciderons donc que si le créancier postérieur, mais ayant le premier fait la *denunciatio*, se fait payer par le débiteur, les créanciers hypothécaires antérieurs pourront toujours, invoquant la maxime *prior tempore, potior jure*, le primer et se faire payer suivant la date de leurs hypothèques.

Le *pignus nominis* que nous venons d'étudier nous prouve que l'hypothèque était une convention aux formes variées et aux règles savantes dans ce dernier état du droit. Aussi sera-ce toujours un sujet d'étonnement de penser que les jurisconsultes romains n'aient jamais fécondé l'hypothèque en lui appliquant le seul principe qui en fasse vraiment un contrat de crédit : la publicité. On peut comparer toute cette théorie de l'hypothèque à une machine construite avec la plus grande science, à laquelle on aurait appliqué tous les perfectionnements possibles, mais qui manquerait de force motrice.

CHAPITRE XIII.

DU « PIGNUS PIGNORIS ».

Cette variété de l'hypothèque n'est qu'une forme du *pignus nominis*, au moins dans le dernier état du droit : c'est la proposition que nous allons essayer de démontrer, renvoyant pour toutes les règles qui s'appliquent à ce sujet à celles qui viennent d'être développées dans le commentaire du *pignus nominis*.

On désigne encore le *pignus pignoris* par les expressions de *pignus pignori datum* et de *subpignus* qui ont la même valeur, mais aussi par celles de *sous-gage*, de *hypotheca hypothecæ*. Ce choix de termes vient sans doute des difficultés qui règnent en cette matière et l'obscurcissent un peu ; chaque commentateur a inventé une expression pour mieux préciser sa pensée et condenser sa doctrine en deux mots saisissants. On peut avancer sans crainte, du reste, que tous ces équivalents n'ont jeté aucune lumière sur ce sujet.

Le développement même de cette sûreté est tout conjectural et son histoire est beaucoup plus dans les commentateurs que dans les textes. Nous trouvons le *pignus pignoris* mentionné dans des passages de Marcien et de Papinien, au *Digeste*, dans des constitutions du *Code*, c'est-à-dire à la période savante du *pignus*, à l'hypothèque, au moment où le *pignus nominis* fonctionne. Suivre la formation de ce pacte, est d'autant plus difficile que nous n'avons plus pour nous guider dans nos recherches une convention à laquelle on ait emprunté ses formes pour les lui appliquer, ainsi que cela s'est produit pour le *pignus nominis* calqué sur le modèle de la cession des créances. Les textes nous mettent en présence d'une convention formée de toutes pièces ; aussi ne pouvons-nous que conjecturer son origine. Il est probable toutefois que, le contrat de gage formé, il dut venir bien vite à l'esprit du créancier d'utiliser, pour son crédit, la chose dont il était nanti, imitant en cela son propre débiteur.

Cette opération primitive consistait à remettre en garantie à un tiers, pour une obligation contractée envers lui par le créancier, l'objet donné en gage à ce dernier. Cette *res inter alias acta* ne pouvait avoir aucune influence sur la situation du débiteur qui, payant sa dette, réclamait victorieusement la chose, en quelque main qu'elle fût, et anéantissait ainsi le *pignus pignoris*. Le moyen de parer à un semblable résultat consistait à faire consentir le débiteur au sous-engagement ; si le débiteur adhérait à cette proposition le créancier intermédiaire disparaissait pour faire place à un nouveau créancier ; c'est à ce dernier que le débiteur payait à échéance et c'est de lui qu'il recevait sa chose engagée.

On comprend encore que le jour où le *pignus* et l'hypothèque devinrent une même chose désignée par deux termes différents, le même procédé servit dans ces deux conventions, à cela près que la chose hypothéquée, puis sous-hypothéquée, restait aux mains du débiteur alors que le gage passait du premier au second créancier.

Au point où nous en sommes nous trouvons les textes : il en résulte que le *pignus pignoris* est un contrat permis, qu'il est même fréquent. Mais quel est alors le droit du second créancier hypothécaire ? c'est ici que pour définir ce droit les commentateurs ont remplacé la précision par une grande richesse d'expressions : hypothèque de l'hypothèque, hypothèque de la chose hypothéquée elle-même.

Si nous considérons l'intention des parties, il est vraisemblable que le second créancier aura demandé au premier la garantie la plus sérieuse que celui-ci pouvait lui donner ; quelle est-elle ? la créance même que le premier créancier possède contre le débiteur, créance dont le recouvrement est assuré par une hypothèque. C'est ce que le texte suivant, de Marcien, va nous démontrer : *Quum pignori rem pignoratam accipi posse placuerit, quatenus utroque pecunia debetur, pignus secundo creditori tenetur et tam exceptio quam actio utilis danda est. Quod si dominus solverit pecuniam, pignus quoque perimitur. Sed potest dubitari numquid creditori nummorum solutorum nomine utilis actio danda sit, an non ; quid enim si res soluta fuerit? Et verum est quod Pomponius libro septimo ad Edictum scribit : si quidem pecuniam debet is, cujus nomen pignori datum est, exacta ea creditorem secum pensaturum ; si vero corpus is debuerit, et solverit pignoris loco futurum apud secundum creditorem.* (l. 13, § 2, *Dig.*, XX, 1.)

Ce texte mit en jeu tout le mécanisme du *pignus pignoris :* le second créancier, s'il est en possession de l'objet (c'est l'hypothèse du *pignus pignoris* dans un contrat de gage), aura, nous dit Marcien, une *exceptio*, c'est-à-dire le droit de rétention, ou seulement une *actio utilis* si le *subpignus* a été formé après un premier pacte d'hypothèque, auquel cas le second créancier par conséquent n'était pas en possession. Cette action utile est celle que nous avons déjà rencontrée dans de nombreux textes, à propos de l'hypothèque du *nomen;* c'est en effet sa propre créance garantie par un gage ou une hypothèque que le premier créancier a engagée au second, c'est donc au moyen de l'action dont on use dans le *pignus nominis* que le second créancier fera valoir son droit contre le débiteur. Cette assimilation nous amène à penser que le *pignus pignoris* était signifié par une *denunciatio* au débiteur, ce qui le rendait comme partie au contrat exactement comme dans le *pignus nominis*.

Il est évident que le *pignus pignoris* ne pouvant nuire au débiteur, il sera libéré quand il aura payé le montant de sa dette (dette contractée envers le premier créancier) entre les mains du second créancier, de même que le débiteur dans le *pignus nominis* est libéré en payant au créancier le montant de sa dette.

La fin du texte de Marcien nous donne, en rapportant une solution de Pomponius, l'hypothèse encore plus claire d'un *pignus nominis,* et nous avons même étudié ce passage au sujet de cette convention ; le second créancier a-t-il reçu en garantie une créance de somme d'argent ? à l'échéance il poursuivra le débiteur et compensera ce qu'il a touché avec sa propre créance ; le *nomen* est-il d'un corps certain, il usera de son *exceptio* pour le conserver, ou il le réclamera par l'*actio,* et, dans les deux cas, en disposera comme d'une chose hypothéquée, l'hypothèque de la créance s'étendant, avons-nous vu, à la chose même qui fait l'objet de la créance.

Nous en concluons donc que le *pignus pignoris* n'est qu'une variété du *pignus nominis :* le premier créancier du *pignus pignoris* est le constituant du *pignus nominis*, le second créancier en est le créancier hypothécaire, le débiteur est le débiteur cédé.

DROIT FRANÇAIS

DU GAGE DES MEUBLES INCORPORELS

INTRODUCTION.

LE GAGE DES MEUBLES INCORPORELS DANS L'ANCIEN DROIT.

Les contrats de gage et d'hypothèque entrèrent en Gaule avec la domination romaine et y furent appliqués, à n'en pas douter, dans ce pays où même avant la conquête le commerce et l'industrie étaient très développés. Le *pignus nominis* dut y suivre la même marche qu'à Rome et la créance devenir un moyen de crédit.

Quand l'empire romain tout entier croûla sous l'invasion des barbares, on comprend que, dans les pays autres que ceux de droit écrit où les éléments d'une société plus civilisée persistèrent après la conquête et maintinrent en partie le droit romain, on ait abandonné le gage des meubles incorporels, contrat dont la formation nécessite des idées juridiques trop abstraites, pour donner la préférence au nantissement mobilier ou immobilier qui mettrait en rapport direct le créancier et l'objet destiné à lui servir de garantie. Aussi voyons-nous disparaître non-seulement le *pignus nominis*, mais aussi l'hypothèque des choses mobilières ou immobilières ; le gage réel devient le seul contrat de crédit.

Sous l'empire du régime féodal la fortune mobilière disparaît de plus en plus ; l'argent se raréfie quoique le luxe des seigneurs et surtout les guerres intestines qu'ils se font entre eux nécessitent de grosses sommes d'argent. Il fallait bien recourir à l'emprunt, mais c'était chose difficile de se procurer des capitaux. Les prêteurs étaient d'autant plus exigeants que la garantie qu'on leur offrait était plus précaire. Le seigneur engageait, il est vrai, sa terre, ses meubles les plus précieux, mais il n'était pas rare qu'il cherchât à reprendre par la force la possession des objets engagés. Aussi voit-on deux sortes de gages bien distincts selon la situation de ceux qui possèdent le numéraire. Les grands capitalistes qui sont en même temps de puissants seigneurs prêtent à leurs voisins en se faisant donner terres et châteaux en gage ; l'argent prêté se rend difficilement et la chose simplement engagée finit par être considérée, au bout de deux ou trois générations, par le prêteur comme sa propriété. En dehors de ces gages importants, le nantissement, comme contrat de crédit destiné à faciliter la circulation des richesses, n'existe pas. Les petits capitalistes sont presque tous des Juifs qui se vengent par de terribles usures des spoliations dont ils sont souvent victimes et du mépris qui les entoure. On comprend qu'au contraire des grands prêteurs qui préfèrent les immeubles, ils n'acceptent que des objets mobiliers de valeur qu'ils puissent facilement emporter avec eux lorsqu'ils sont obligés d'abandonner une province. Il n'y a pas place dans ces opérations pour le gage des meubles incorporels. Si nous en retrouvons la trace parfois dans les prêts consentis par les grands seigneurs ou les villes, on peut dire qu'il est inconscient ; le prêteur n'a pas en vue le droit, chose incorporelle, qui constitue sa garantie, mais la chose même à laquelle tend ce droit. Ainsi Meurisse (1) raconte que vers l'an 1180 Thierry engagea, à la ville de Metz dont il était l'évêque, le droit de battre monnaie. Quoique un tel gage était bien d'un objet incorporel, il ne nous est pas permis d'induire de là que la théorie des meubles incorporels existât à cette époque.

Mais il est certain en revanche que pour trouver en doctrine et en pratique ce gage, il ne faut pas attendre jusqu'à l'arrêt du Parlement du 18 mars 1769 que Pothier considère comme ayant le premier autorisé le gage des dettes actives.

A la fin du quatorzième siècle Bouteiller dans la *Somme Rural* (2) nous indique que le gage des meubles incorporels était déjà pratiqué. Dans le titre CII des *gages baillez en nampt pour debte deüe*, il ne mentionne pas les créances, ou dettes actives parmi les choses « qui ne se peuvent ne doivent engager » ; et il est difficile de croire à une omission de sa part, car il fait une énumération assez longue des choses non susceptibles de nantissement : « Sa femme, s'il la (le débiteur) ne « ses enfans s'il en a... les vestemens cotidiens de son corps... « ne qui plus est, son nécessaire vivre... Item est défendu aux « exécuteurs d'exécuter pour debtes, les chevaux, les charuës, « les herces, et tous les outils à ce appartenans, dont le labeur « de la terre se pourrait cesser. »

Puis il autorise le débiteur à engager tous ses biens présents et à venir « par générales paroles... Sçachez, dit-il, qu'il doit « estre entendu qu'aussi bien sont obligez tous ses biens « advenir que s'il les dit par mots expres et nommast iceux « biens. » Quand donc une créance naîtra au profit du débiteur, par l'effet de la constitution générale de gage, elle sera

(1) *Histoire des évêques de Metz*, pages 419 et 420.
(2) *Somme Rural* de Bouteiller, édition de Charondas le Caron, de 1621.

frappée par le droit du créancier, comme si le débiteur l'avait engagée par termes « expres ». Et prévoyant que le débiteur essaierait de soustraire à cette constitution de biens à venir certains objets qu'il n'a pas énumérés parmi les choses qui ne peuvent être engagées Bouteiller ajoute « obligation, puis-« qu'elle est de bonne foy, est à tenir en toutes fins, et en tous « contrats, ne contre ne doit estre venu, ne légère exception « n'y doit être receuë. »

Il n'est pas étonnant, du reste, que le gage conventionnel des créances fût admis à cette époque, ainsi que les passages de Bouteiller, que nous venons de citer, le démontrent. Nous savons en effet que le gage des créances, en droit romain, fut imaginé à l'exemple du *pignus ex causa judicati captum ;* or nous voyons qu'à l'époque de Bouteiller et de Masver le droit d'exercer la créance de son débiteur était déjà accordé au créancier.

Sous le paragraphe « de vendre gaiges en nom de dettes », Bouteiller nous dit en effet que « non tant seulement peut-on « prendre les gaiges mouvables, si comme draps et chevaux et « autres biens à celuy sur qui le juge commande que gaiges soient « prins et levez, mais si fait-on les dettes que autre luy doit et « faire lever et chasser. A ce est modifié par les présens (arrêts « du Parlement de 1370 à 1390) que voirement peut-on bien « adresser aux dettes du detteur, quand ne treuve nuls autres « de ses biens exécutables, mais ce, non. Et appartient que la « rescription de l'exécuteur en fasse mention et que la dette « soit cognüe » (1). Ainsi la question douteuse ne portait que sur le point de savoir si le créancier pouvait, en faisant abstraction des biens meubles et immeubles, commencer la saisie et l'exécution par les créances du débiteur.

(1) Bouteiller, *op. cit.*, page 591.

Et pour Masver (cette question ne se pose plus), il affirme dans le paragraphe qu'il intitule « De la saisie et arrêts des debtes du débiteur » « que le créancier peut commencer son exécution sur la debte deuë à son debteur et omettre les biens meubles et immeubles... (1) »

Le développement du gage des créances dans notre ancien droit s'est-il produit comme celui du *pignus nominis* à Rome? Le gage conventionnel au contraire a-t-il précédé la saisie en gage ordonnée par le magistrat? C'est un problème trop obscur pour que nous essayons de le résoudre.

Mais il nous semble certain qu'à la fin du quatorzième siècle, étant donné d'une part la pratique courante de l'exécution des créances et, la prohibition d'engager certains objets ne s'étendant pas d'autre part aux dettes actives, le gage des meubles incorporels, au moins sous forme de créance, était alors autorisé.

A la fin du XVIIe siècle le doute n'est plus possible sur le point de savoir si le gage des créances est permis car un arrêt du parlement de Paris, du 9 jaillet 1698, décide que le créancier qui s'est fait remettre des titres en nantissement, possède sur ces titres un droit garanti par un privilège et qu'il n'est obligé de les restituer que si on le paie (2).

Cependant Pothier s'inspirant d'un texte de droit romain, *incorporales res traditionem et usucapionem non recipere*

(1) *La Practique de Masver*, par Pierre Guenoys, édition de 1606, page 430.

Cette exécution de la créance du débiteur par le créancier est confirmée et par l'ordonnance de 1539 et par l'ordonnance de Marlins, de 1566, sur la Réformation de la Justice. — Enfin dans ses annotations sur Bouteiller, Charondas dit que « le créancier peut vendre et faire arrester les debtes qui lui sont deuës » (au débiteur), page 596 de la *Somme Rural*.

(2) Brillon, *Dictionnaire des Arrêts* tome III, au mot *gage*, page 440. *Journal des Audiences*, tome IV, liv. XIII, ch. IX, page 759.

manifestum est (l. 43, § 1, *Dig. de acq. res dom.*), soutint « que les choses incorporelles, telles que sont les dettes actives, « ne sont pas susceptibles du contrat de nantissement, puis- « qu'elles ne sont pas susceptibles d'une tradition réelle qui « est de l'essence de ce contrat ». Et en présence des objections qu'on ne manque pas de lui faire, surtout à propos de ce texte, il essaie, en note de son édition de 1773, de justifier son opinion en droit romain. Le rapide historique que nous avons fait de la jurisprudence antérieure à Pothier nous prouve que cette doctrine était toute personnelle à ce jurisconsulte et que le gage des choses incorporelles existait depuis longtemps. L'étude qui précède sur le *pignus nominis* nous a aussi montré que la doctrine de Pothier était inexacte en droit romain et que l'intervention du préteur était venue rapidement corriger les rigueurs du droit civil et protéger le contrat par lequel le créancier recevait en garantie un *nomen* dont son débiteur était le titulaire, *si convenerit ut nomen debitoris mei pignoris tibi sit, tuenda est a pretore hæc conventio.* (l. 13, § 2, *Dig. de pign. et hyp.*)

La théorie de Pothier lui était donc propre ; elle n'eut du reste aucune influence sur la jurisprudence, et Pothier le constate lui-même en note de son édition de 1773. « Néanmoins, « j'ai appris, dit-il, depuis l'impression de mon traité, qu'on « avait introduit dans notre jurisprudence française, une espèce « de nantissement des dettes actives (Pothier ignore donc la « pratique antérieure du gage des meubles incorporels dont « l'arrêt de 1698 fait foi) qui se fait de cette manière : Le pro- « priétaire des dettes actives qu'on veut donner en nantisse- « ment en fait, par acte devant notaire, transport, à titre de « nantissement, au créancier à qui on veut les donner en nan- « tissement, et lui remet en mains les titres desdites dettes « actives, qui consistent en billets ou brevets d'obligation. Ce

« transport est ensuite signifié au débiteur desdites dettes « actives. Cette espèce de nantissement de dettes actives a été « autorisée, par un arrêt de la Cour des Aides, du 18 mars « 1769, au profit du marquis de Girardin, contre les Directeurs « des créanciers du sieur Roussel, fermier général. Ledit sieur « Roussel, débiteur envers le marquis de Girardin d'une somme « de quatre cens mille livres, lui avait donné en nantissement, « dans la forme telle que nous venons de l'exposer, une créance « de trois cens dix mille livres qu'il avait sur les fermes géné- « rales, pour avances par lui faites, contenues en quatre récé- « pissés du Receveur des Fermes. La Cour a jugé valable ce « nantissement et a accordé au marquis de Girardin le même « privilège sur cette créance de trois cens dix mille livres dont « on l'avait nanti, que celui que des créanciers, à qui on aurait « donné en nantissement une chose corporelle, auraient sur « cette chose (1) ».

Pothier, malgré l'arrêt du Parlement, résistait encore à cette doctrine puisqu'il fait précéder sa note d'une réfutation des textes au moyen desquels ses contradicteurs devaient soutenir que le gage des choses incorporelles était autorisé en droit romain.

Enfin il adopte définitivement l'opinion de la jurisprudence dans son traité de *l'hypothèque* publié dans ses œuvres posthumes en 1777, et il indique que si les choses incorporelles ne sont pas susceptibles de possession, ni de tradition, à proprement parler, néanmoins le nantissement en est possible par un moyen qui en tient lieu. « Néanmoins, dit-il, comme la « tradition, dont les dettes actives ne sont pas susceptibles, « peut se suppléer en remettant, à celui à qui on le donne en

(1) Pothier, *Traité du nantissement,* édition de 1773, tome II, page 947 en note.

« nantissement, le billet ou obligation du débiteur, qui est « l'instrument de cette dette active, et en faisant par le créan- « cier à qui la dette active a été donnée en nantissement, « signifier au débiteur de cette dette l'acte par lequel elle a été « donnée en nantissement, avec défense de payer en d'autres « mains qu'en celles de celui à qui elle a été donnée en nantis- « sement, il y a lieu de soutenir que les dettes actives en sont « aussi susceptibles. »

Quand les rédacteurs du Code ont voulu organiser le gage, ils ont donc trouvé le terrain tout préparé par l'arrêt de règlement du 25 novembre 1599, l'ordonnance de 1629, l'ordonnance de 1667 et enfin celle de 1673. Nous ne faisons que rapporter ici les dates de ces documents qui ne donnent que les règles du gage des meubles corporels. Nous les retrouverons du reste bientôt à propos de l'article 2074. Nous n'avons voulu faire ici qu'une esquisse historique de cette convention d'une importance bien secondaire dans notre ancien droit, le gage de la créance, et montrer que les rédacteurs du Code ont suivi l'ancienne doctrine.

L'article 2075, toutefois, agrandit le cadre du gage des choses incorporelles. Moins large que le droit romain, il ne permettra que l'engagement des meubles, mais il ne se bornera plus aux dettes actives, c'est-à-dire aux créances ; tous les meubles incorporels seront susceptibles de faire l'objet d'un nantissement.

On a sûrement dépassé la portée que le Code donne à l'article 2075 ; car on comprend maintenant dans ses termes toutes les formes variées et alors inconnues sous lesquelles se traduit la fortune mobilière. Est-ce à dire que l'on force ainsi l'esprit de la loi ? Non ; car si le législateur n'a pu prévoir le développement considérable du contrat de gage, il a au moins prévu l'extension qu'il y avait lieu d'apporter à l'ancien droit ;

aussi ne prend-il les « créances mobilières », ce que Pothier appelait « dettes actives », que comme un exemple de meuble incorporel.

Nous étudierons d'abord le contrat de gage des meubles incorporels au point de vue du droit commun, en matière civile, puis après avoir examiné les exceptions que le droit commercial et des dispositions spéciales y ont apportées, nous rechercherons dans une rapide conclusion en nous aidant des travaux législatifs en cours, quelles modifications générales il y aurait lieu d'appliquer à ce contrat dans l'intérêt du crédit.

CHAPITRE II.

---

§ 1. Qu'est-ce qu'un meuble incorporel?
§ 2. Caractères généraux du contrat de gage des meubles incorporels.
§ 3. Capacité des parties contractantes.

---

§ 1. *Qu'est-ce qu'un meuble incorporel ?*

Les choses incorporelles, à proprement parler, ne sont ni meubles, ni immeubles ; ce sont des abstractions, *quæ non sunt, quæ intelliguntur*, dit Cicéron (1). Nous ne pouvons les saisir par nos sens d'une manière tangible, visible ou palpable, et c'est un effort d'esprit qui, seul, nous les fait comprendre. Les biens incorporels sont de ces abstractions susceptibles d'avoir entre elles et nous un lien d'appropriation ; ils forment nos droits : *ea res quæ in jure consistunt.* La loi les classe parmi les meubles ou les immeubles suivant la nature des objets auxquels ils s'appliquent (526 Code civil). Aux immeubles sont alors assimilés les droits *qui tendunt ad quid immobile ;* aux meubles ceux *qui tendunt ad quid mobile.*

Un de ces droits cependant, quoique bien incorporel au même titre que les autres, est mis à part dans toutes les législations et considéré comme un bien corporel, c'est le droit de propriété, sans doute parce que, dans les habitudes, il est

(1) Cicéron, Topiques, n° 5.

considéré comme la chose même sur laquelle il porte ; on établit une confusion entre l'objet et le droit. Nous ne viserons donc jamais le droit de propriété quand nous parlerons des meubles incorporels.

Le contrat de gage des meubles incorporels ne s'applique qu'à quelques-uns de ces droits mobiliers, ainsi que nous l'indiquerons bientôt en analysant les formalités nécessaires à leur impignoration.

§ 2. *Définition. Caractères généraux du contrat de gage des meubles incorporels.*

Ce sujet n'étant qu'une variété du contrat de gage, qui n'est lui-même qu'une des deux formes du nantissement, nous allons indiquer très succinctement les règles générales qui gouvernent ces deux contrats.

Nous passerons à dessein rapidement sur les détails qui sont communs au gage des meubles incorporels comme à celui des meubles corporels, nous bornant à prendre position dans les questions controversées et à indiquer les points spéciaux à notre sujet.

Le nantissement est un contrat par lequel le débiteur, ou un tiers pour lui, remet une chose au créancier pour sûreté de sa dette (art. 2071). Le gage est la forme mobilière de ce contrat dont l'antichrèse est la forme immobilière. Il résulte de là, qu'à la différence du *pignus* romain qui affectait toutes choses mobilières et immobilières, le gage de notre droit n'a plus pour objet que des meubles.

De ce qui précède nous pouvons déduire la définition précise du gage que nous étudions : « C'est le contrat par lequel un « débiteur ou un tiers pour lui, remet au créancier un objet « mobilier incorporel, dans le but de lui conférer le droit de

« se faire payer sur cet objet de préférence à tous ses cré-
« anciers. »

Cette définition nous fournit les quatre caractères principaux de ce contrat.

1° C'est un contrat réel, car à la différence de l'hypothèque, il fait passer du débiteur au créancier la possession de la chose. Cette mise en possession, condition essentielle de la naissance du privilège que le gage confère au créancier, paraît être une des difficultés de notre matière. Nous aurons bientôt à revenir sur ce sujet souvent délicat et dans lequel nous trouverons de nombreuses controverses.

2° C'est un contrat unilatéral, car au moment de sa formation, le créancier seul est tenu d'une obligation, celle de restituer le gage quand il sera payé. La formalité de la rédaction de l'acte en double original n'est donc pas nécessaire. Remarquons qu'en pratique, si les parties sont soucieuses de leurs intérêts, ces doubles originaux existeront toujours ; car si le débiteur doit tenir à avoir entre les mains la reconnaissance du gage qu'il a fourni, le créancier tiendra de son côté à posséder un écrit contenant l'engagement pris par le débiteur de lui donner un gage ; au moyen de cet écrit, au cas où il n'est pas nanti de suite le créancier contraindra le débiteur à lui remettre la sûreté promise. — N'est-ce pas plutôt, d'après Pothier et de nombreux interprètes modernes, un contrat synallagmatique ? Nous avons pris parti en le déclarant unilatéral ; cette controverse n'a du reste qu'une importance toute théorique.

3° C'est un contrat à titre onéreux et commutatif car chacune des parties y trouve son intérêt particulier, « le créancier, la
« garantie de sa créance et celui qui donne la chose, le
« crédit dont il a besoin (1) ».

(1) Pothier, *Traité du nantissement*, n° 15.

4° Enfin c'est un contrat accessoire d'où il suit : que le juge compétent pour connaître du contrat principal l'est également pour résoudre les difficultés qui s'élèvent au sujet du gage (1) ; que la validité du contrat de gage est subordonnée à celle de l'obligation principale et qu'au cas de nullité, rescision, résolution de celle-ci, le même sort serait réservé à l'obligation accessoire.

§ 3. *Capacité des parties contractantes.*

Comme toute convention le gage des meubles incorporels est gouverné par les règles générales des obligations. Nous ne nous arrêterons qu'à celles de ces dispositions qui ont pour notre sujet un intérêt spécial, à raison des difficultés qu'elles soulèvent.

Le contrat de gage confère au créancier un droit réel, démembrement du droit de propriété. Ce droit réel entraîne, comme conséquence de son exercice, l'aliénation de la chose engagée. De ces deux propositions il résulte que, pour consentir l'engagement d'une chose incorporelle, il faut en être propriétaire et capable de l'aliéner.

L'impignoration d'une chose incorporelle en implique donc l'aliénation éventuelle : cette relation a frappé le législateur, car il a appliqué des formalités analogues à la vente et à l'engagement des meubles incorporels.

En partant de cette idée que, pour consentir un gage, il faut être propriétaire, il semble qu'il est oiseux de se demander si la mise en gage de la chose d'autrui est valable. En principe elle est évidemment nulle ; et si le législateur n'avait considéré que l'intérêt du débiteur, c'est-à-dire de celui qui engage la

(1) Montpellier, 11 février 1842 ; Dalloz, 1855, 2, 437 et note.

chose d'autrui, cette règle eût été absolue. Mais on ne saurait dans un contrat ne pas prendre en considération et l'intérêt des deux parties et, de plus, l'intérêt général. Or, c'est un principe de crédit de favoriser les transactions mobilières qui se font avec une grande rapidité, de la main à la main, sans écritures, et dont le fait même de la possession implique la propriété. Il est, d'autre part, de la plus stricte équité que le créancier ne souffre aucun préjudice quand, malgré toutes ses diligences, il ne pouvait se convaincre que la chose à lui engagée n'appartenait pas au débiteur. Lorsque ces deux principes pourront s'appliquer à l'engagement de meubles incorporels par un *non-dominus*, le créancier gagiste pourra dans les termes de l'article 2279 en refuser l'extradition (1). Dire que les meubles que concerne la disposition de l'article 2279 doivent avoir une consistance réelle, physique, c'est excepter de cette disposition les meubles incorporels, qui sont choses fictives, n'existant que dans l'intelligence et dans la pensée. Ainsi donc, en règle générale, le meuble incorporel donné en gage, par un *non-dominus*, pourra toujours être revendiqué par son véritable propriétaire.

Il est toutefois une classe de choses incorporelles, les titres au porteur qui se transmettent, eux de la main à la main, en pleine propriété, sans qu'on ait besoin de dresser un acte de transmission ; leur nom seul prouve, du reste, que le paiement doit être fait au porteur de l'effet, réputé créancier. Pour ces titres donc, pourvu qu'ils n'aient été ni perdus, ni volés, et avec les conditions de juste titre et de bonne foi que demande l'article 2279, le gagiste nanti pourra exciper de son privilège à l'égard des tiers, le constituant n'en fût-il pas le propriétaire. Ainsi la réclamation du propriétaire serait vaine si un manda-

(1) MM. Aubry et Rau, tome IV, n° 432 ; — Pont., II, 1093.

taire ou un dépositaire infidèle avait abusé de sa confiance et donné en gage les titres au porteur à lui confiés, pour se procurer des fonds. Mais, cependant, le créancier n'a dû rien négliger pour s'assurer de la propriété des titres aux mains du constituant : un jugement du tribunal de la Seine du 8 juin 1878 (1) a fait une intéressante application de ce principe en décidant qu'un créancier (un banquier) ayant fait sur titres au porteur de nombreuses avances à un débiteur (un changeur) sans s'enquérir si celui-ci en était réllement propriétaire, ce qui constituait de la part du créancier une négligence coupable, étant donnée la multiplicité des opérations de même nature faites par le débiteur, que le débiteur ayant détourné ces titres au porteur au préjudice de personnes qui les lui avaient engagés pour de faibles sommes, la responsabilité du créancier était en jeu, aux termes de l'article 1382 du Code civil et qu'en conséquence le créancier paierait aux personnes lésées (sur une demande reconventionnelle de leur part) une somme égale à la valeur des titres à la revendication desquels cependant l'article 2279 s'opposait.

La jurisprudence toutefois ne paraît pas constante en ce sens, car peu de jours auparavant, le 20 mars 1878, une autre chambre du tribunal civil avait rendu une décision absolument contraire, en statuant qu'en pareille hypothèse le créancier (tiers détenteur) qui a reçu de bonne foi, d'un mandataire infidèle, pour garantie d'avances faites à ce dernier et à titre de nantissement, des valeurs au porteur appartenant à son mandant, est régulièrement nanti vis-à-vis de celui-ci ; que c'est au propriétaire originaire desdites valeurs à s'imputer l'imprudence d'avoir fait foi à l'auteur de l'abus de confiance commis à son préjudice (2).

(1) Le *Droit* du 23 août 1878.

(2) Jugement du tribunal civil de la Seine (5me chambre), 1878. Le *Droit* du 23 août 1878.

Dans une hypothèse très intéressante, la Cour d'appel de Douai a décidé que le principe de l'article 2279 n'était pas applicable aux droits constatés par des titres nominatifs, ce qui permettait au propriétaire de ces titres de les revendiquer contre un créancier gagiste. Et la Cour de cassation à propos de la même affaire, sans prendre parti sur ce point, soulevé en appel qui n'était plus objecté dans le pourvoi, a autorisé le propriétaire d'actions nominatives à détruire par la preuve contraire la preuve de la propriété d'une action nominative transférée au nom d'un créancier gagiste. Voici l'espèce : un mari, à la dissolution de la communauté, avait donné en gage des actions immatriculées à son nom, mais qui, d'apès le contrat de mariage, étaient tombées en communauté ; les enfants héritiers réclamèrent comme venant aux droits de leur mère la moitié de la valeur des actions, prétendant que le gage n'était valable que dans la mesure du droit du père dans la propriété indivise. Le créancier gagiste s'opposait à la réclamation des héritiers en répondant que la possession fondait son titre (article 2279), que l'inscription faite à son nom sur les registres d'une Société anonyme constituait la preuve complète de sa propriété (article 36 du Code com.) ; qu'enfin les conventions matrimoniales ne pouvaient lui causer aucun préjudice puisqu'il y était étranger (article 1165 du Code civil). — La demande des héritiers fut repoussée par jugement du tribunal de Lille du 2 août 1872 admettant l'application en l'espèce de l'article 2279; sur l'appel, la Cour de Douai réforma le jugement et condamna le créancier gagiste à remettre aux héritiers la moitié des actions litigieuses pour ces motifs que l'article 2279 n'était applicable qu'aux meubles corporels et aux titres au porteur, et surtout que le débiteur avait disposé de choses dont il n'était pas propriétaire, puisque au décès de leur mère les enfants étaient devenus de plein droit propriétaires de la moitié des actions. Sur le pourvoi en cassation du créancier gagiste pour violation des articles 36 du Code de commerce, 1690, 1165 et 2082 du Code civil (le pourvoi abandonnait donc le moyen tiré de l'article 2279 invoqué devant la Cour) la Chambre des requêtes prononça un arrêt de rejet, décidant que si l'inscription, sur les registres d'une Société anonyme, du transfert d'une action nominative constitue la preuve écrite et complète de la propriété du titulaire, cette preuve peut être détruite par la preuve contraire ; que cette preuve résultera notamment des stipulations d'un contrat de mariage, stipulations qui peuvent parfaitement être opposées aux tiers.

L'arrêt de la Cour de Douai, confirmé par l'arrêt de la Chambre des requêtes, vient donc à l'appui du principe que nous avons émis quant à la non-application de l'article 2279 aux meubles incorporels. Il faut reconnaître cependant que cette doctrine sera, en pratique, une source de difficultés très considérables et très préjudiciables à la circulation des titres nominatifs. « Toutes les fois que la cession d'un titre nominatif « sera proposée (transfert-cession ou transfert-nantissement), « le tiers contractant pour lui-même, ou l'agent de change « intermédiaire et garant, devra exiger, soit la preuve que le « titulaire n'est pas marié (comment faire cette preuve? Sans « doute par acte de notoriété), soit la preuve que le mariage « existant encore, le mari a, comme chef de la communauté, « le droit de disposer, soit le consentement de la femme ou « des héritiers de celle-ci (1). » Et cependant ces formalités qui amèneront des frais et des lenteurs semblent, dans les conclusions posées par M. l'avocat-général à la Cour de cassation, n'avoir aucun inconvénient. « Le créancier gagiste, dit-il, serait « mal venu de se plaindre de cette règle de droit et de justice,

(1) Note de M. Labbé sous l'arrêt précité.

« d'après laquelle, abstraction faite des cas de fraude, nul ne « peut se plaindre d'un préjudice que la prudence ordinaire « aurait pu éviter, chacun devant s'enquérir de la condition et « des droits de la personne avec laquelle il contracte. » — C'est peut-être glisser facilement sur ces difficultés que relève si justement M. Labbé dans le passage que nous venons de citer.

Dans la critique en note sous cet arrêt, M. Labbé, tout en reconnaissant qu'il y a lieu dans l'espèce d'écarter l'article 2279 et l'article 1165, prend parti pour un système opposé à celui de la Cour de cassation et conclut à la validité du gage consenti par le mari en pareille hypothèse, quand les formalités requises pour la naissance du privilège sont observées. Il commence par établir une analogie entre l'inscription sur les registres de la Société, la transcription pour les immeubles, la signification pour les créances, l'endossement pour les titres à ordres, voyant dans ces différents faits un mode de publicité de même valeur. L'immatriculation ne couvrirait pas toutefois la nullité d'une cession ou d'un nantissement consenti par un incapable ou une personne sans droit, mais un cessionnaire ou un ayant droit antérieur qui aurait négligé de faire mettre à son nom le titre par lui acquis, ne pourrait pas invoquer son droit clandestin contre les ayants cause du titulaire, propriétaire apparent. De même qu'un immeuble ameubli par contrat de mariage doit être transcrit pour avertir les tiers du droit acquis par la communauté, de même aussi, si des actions sociales nominatives inscrites au nom de l'un des époux tombent en communauté, l'immatriculation doit en être changée. Enfin les tiers qui acquièrent un titre nominatif ne sont pas obligés à la recherche des mutations antérieures, où en trouveraient-ils trace? Ils doivent donc avoir pleine foi dans l'inscription qui sert de mode de publicité.

Ce système de publicité par l'immatriculation aurait évidemment cet excellent résultat de couper court à toutes difficultés provenant d'un droit consenti antérieurement à l'inscription, mais n'est-il pas dangereux d'édifier toute une théorie, à l'exemple de la transcription, parce que des situations analogues se présentent entre la cession des titres nominatifs et la vente d'un immeuble, quant à la manière dont les deux droits sont constatés. Peut-on dire que la loi a pensé à ce rapprochement? La transcription établie par la loi du 23 mars 1855 est de beaucoup postérieure à l'inscription de l'article 36 du Code de commerce. Celle-ci constate la propriété et souvent en est le seul titre; la transcription n'est qu'un mode de publicité d'un droit déjà transmis entre les parties.

M. Labbé continue son étude en examinant les règles applicables à la cession des rentes nominatives sur l'Etat, et en tire un argument pour proposer que le transfert des actions des Sociétés qui se conforment aux prescriptions de la loi à l'égard des rentes, y soit assimilé. Nous ne réfuterons pas ce point que nous traiterons à l'occasion de l'article 2075 ; disons seulement qu'il n'est pour nous aucune assimilation possible, et que la signification doit être appliquée aux titres nominatifs ; la loi du 28 Floréal an VII est une exception au droit commun qu'on ne saurait étendre par analogie.

C'est un résultat évidemment très mauvais que celui qui se produit dans l'hypothèse que nous examinons. Un tiers est lésé, le créancier, mais enfin si excusable qu'il soit, il y a eu négligence de sa part à ne pas s'enquérir de la situation du mari. Si le gage était inattaquable, du reste, ne se trouverait-on pas en présence des héritiers lésés à leur tour et plus intéressants encore lorsqu'ils auront (comme dans l'espèce) absolument ignoré les droits consentis par le titulaire. Ils exigeront une mention sur les registres sociaux, dit-on, à la dissolution de la communauté! Mais encore faut-il que la liquidation soit faite pour que le certificat de propriété délivré par le notaire leur donne ce pouvoir. Ou plus simplement ils exigeront que les titres restent aux mains du notaire ! C'est un acte de méfiance assez délicat pour que les enfants n'osent pas en user à l'endroit de leur père.

Enfin, dans sa conclusion, M. Labbé examine par quel moyen le gage des actions nominatives peut être constitué, et il admet deux procédés que nous repousserions, comme ne tenant pas compte de l'article 2075; le premier consiste à transférer l'action en toute propriété, sauf à limiter par un acte le droit du créancier gagiste; le second, quand la Société y consent, consiste à opérer un transfert à titre de garantie, mais ce mode d'impignoration, établi par la loi du 23 mai 1863, ne saurait, pour nous, être applicable au droit civil.

Pour nous résumer, quelle que soit l'harmonie qui résulterait de la doctrine exposée dans la note magistrale que nous venons d'analyser, il nous semble qu'elle constitue une innovation appelée au plus heureux effet quand elle sera consacrée par la législation, mais qui ne cadre pas avec les règles rigoureuses dont le Code a entouré tout le gage civil. Nous admettrons donc le droit de suite au profit du propriétaire d'un titre nominatif immatriculé au nom d'un créancier gagiste sans droit.

De ce que le nantissement emporte aliénation éventuelle de l'objet engagé, résulte cette conséquence qu'il faut être, non-seulement propriétaire, mais aussi capable d'aliéner son mobilier. Au mineur, à la femme mariée, à l'interdit, le contrat de gage sera donc défendu en principe. La femme mariée n'est relevée de cette incapacité que par une autorisation spéciale de son mari, à moins qu'elle ne soit, en sa qualité de marchande publique, habilitée à faire le commerce, ce qui lui permet de s'engager seule pour les obligations relatives à son négoce. Signalons toutefois que l'acte fait par un commerçant n'est que présumé commercial, mais peut fort bien, à raison des circonstances, rentrer dans les actes civils. Le gage donné par une femme marchande publique sera donc, selon les cas, régi par les articles 71 et suivants du Code de commerce ou par les dispositions du Code civil. — La séparation de biens donne à la femme le droit d'administrer ses biens et de faire tous les actes nécessaires à cette administration ; la règle qui gouverne sa capacité se trouve dans l'article 217 du Code civil et il en résulte qu'en principe elle ne peut « aliéner sans le consente« ment par écrit du mari ou son concours dans l'acte. » L'article 1449 toutefois vient apporter une exception à l'article 217 en autorisant la femme à disposer de son mobilier et à l'aliéner sans qu'elle ait besoin d'autorisation. De là une controverse sur le point de savoir si, pouvant aliéner directement, elle peut aliéner indirectement en s'obligeant sur son mobilier pour quelque cause que ce soit. Résoudre cette question, c'est permettre ou défendre à la femme de constituer un gage. La Cour de cassation après avoir décidé que la femme séparée de biens pouvant aliéner, devait pouvoir s'obliger jusqu'à concurrence de son mobilier, ne lui accorde plus que le droit d'aliéner dans les limites nécessaires à l'administration et de s'obliger dans les mêmes limites. C'est passer d'un extrême à l'autre, l'article 1449 donne évidemment à la femme le droit d'aliéner son mobilier, le texte est formel ; mais on ne peut en conclure qu'il lui reconnaît par là même le droit de s'obliger valablement sur son mobilier quelle que soit la cause de son obligation. Il faudra donc vérifier si l'acte juridique à l'occasion duquel elle s'est obligée est un acte d'administration ; ce sera aux juges du fait à trancher la difficulté suivant les circonstances de la cause (1). Nous déciderons donc qu'une femme séparée de

(1) MM. Laurent, t. XII, n° 310; — Cpr: Aubry et Rau, V, n° 516; — Civ. rejet 30 décembre 1862, Sir. 63, 257.

biens peut emprunter sur gage, sur des titres, par exemple, lorsque l'emprunt est contracté pour les nécessités de l'administration ; mais les tiers prêteurs seront toujours prudents en exigeant l'autorisation, car l'emprunt étant un acte fort dangereux, il y a lieu, dès lors, d'apprécier la situation générale des affaires de la femme.

Quand au mineur émancipé autorisé à faire le commerce, il est assimilé au majeur par les articles 487 du Code civil et 2 du Code de commerce, il pourra donc valablement consentir un gage. Tout autre mineur non commerçant ne saurait figurer seul à ce contrat, pas plus qu'un interdit (article 457 et 484 du Code civil).

Nous aurons bientôt l'occasion d'indiquer jusqu'à quel moment le failli peut constituer un gage ; en principe, ce droit ne lui est radicalement enlevé qu'à compter du jour du jugement déclaratif de faillite.

CHAPITRE III.

LE CONTRAT DE GAGE ENTRE LES PARTIES CONTRACTANTES.

§ 1. Simple Convention.

§ 2. Contrat nommé : A. *Gage simple.* — B. *Modes de preuves du contrat de gage simple.*

Nous allons étudier sous ce chapitre le contrat de gage dans les rapports qu'il fait naître entre le créancier et le débiteur.

Ce n'est pas à dire que les conditions dont nous allons faire l'analyse ne soient nécessaires quand les tiers entreront en jeu, car il y aura lieu de les appliquer encore pour que le privilège du créancier gagiste puisse prendre vie, mais nous voulons insister sur une situation toute spéciale qui se produit entre les parties contractantes en dehors de tout conflit avec des tiers.

Deux hypothèses peuvent se présenter : nous les envisagerons successivement. Dans une première un débiteur a promis à son créancier un gage mais ne l'a pas encore remis ; dans une seconde hypothèse le créancier est en possession.

§ 1. *Simple convention.*

Nous sommes en présence d'une convention qui, au premier abord, ne semble avoir aucune relation avec le contrat de gage des articles 2073 et suivants du Code civil. Soumise aux règles générales du titre des obligations, la convention devra être exécutée de bonne foi par les parties ; le créancier y puisera contre le débiteur tous les moyens de contrainte propres à amener l'exécution de l'engagement pris. De plus les tiers n'auront, en principe, aucun compte à tenir de cette promesse de gage, l'acte contenant la convention fût-il enregistré, car il ne saurait être question de privilège pour le créancier qui n'est pas nanti.

L'utilité de cette convention est cependant considérable et quelques exemples vont la mettre en lumière.

Le créancier paralysera facilement le mauvais vouloir du débiteur en l'obligeant à le mettre en possession du gage, au besoin par autorité de justice. Si le débiteur a disposé du gage, en faveur d'un tiers qui puisse invoquer le bénéfice de l'article 2279, ou s'il l'a détruit (ce sont des titres au porteur qu'il a vendus ou déchirés), en vertu de cette convention, le créancier usant du droit de gage général que lui confère l'article 2093, pourra poursuivre l'exécution de l'engagement sur tous les autres biens du débiteur. S'il est démontré, lorsque la convention sera exécutée, que le débiteur l'a trompé sur la valeur et la nature de l'objet promis, il réclamera des dommages-intérêts ou la remise d'un gage de même nature et de même valeur.

En étudiant les articles 2074 et 2075, qui ont trait aux formalités nécessaires à la naissance du privilège du créancier gagiste, nous verrons que l'application n'en est requise par la loi que dans l'intérêt du tiers et que le débiteur ne saurait se prévaloir de leur inexécution pour se refuser à fournir le gage.

L'efficacité de cette simple convention peut même se produire d'une manière très effective dans un conflit entre le créancier et des tiers. Ainsi, un arrêt de la Cour de Toulouse a décidé, avec raison, que cette seule convention de gage suffisait pour que le créancier ait pu, après l'époque fixée par le tribunal comme étant celle de la cessation des paiements, ou dans les dix jours qui la précèdent, réaliser le contrat par la prise de possession (1). Il faut toutefois qu'en pareil cas la convention ait été enregistrée avant le commencement de la période suspecte, non comme une formalité réclamée par l'article 2074, mais seulement pour donner à l'acte date certaine et prouver aux tiers que la dette n'a pas été augmentée ou le gage changé, par suite d'une antidate. Cette convention ne tombe pas sous le coup de l'article 446 du Code de commerce qui prohibe tout droit de nantissement, pendant la période suspecte, sur les biens du débiteur, pour dettes antérieurement contractées, car ici le gage a été constitué en même temps que la dette, et la remise qu'en fait le débiteur n'est que l'exécution d'une obligation arrivée à échéance.

(1) Toulouse. 25 mars 1874. Dalloz, 1876, I, 318.

Si la convention relatant à la fois l'obligation principale et le gage n'a été fournie que pendant la période suspecte, il y aura lieu d'appliquer la solution précédente et la convention devra être respectée par les autres créanciers du failli, soit que le gage ait été remis immédiatement au créancier, soit qu'il ne l'ait été que postérieurement, pourvu que ce fût avant le jugement déclaratif. La seule ressource qu'auraient alors les créanciers du failli, pour attaquer cette convention, consisterait, aux termes de l'article 447 du Code de commerce, à prouver que le créancier avait, lors de la convention, connaissance de la cessation des paiements. Et les juges pourraient-ils encore maintenir l'acte, eu égard à la bonne foi qui y aurait présidé (1). En ce sens on considérerait certainement comme une opération licite et inattaquable celle qui aurait eu pour but d'empêcher la faillite du débiteur, la cessation des paiements fût-elle parfaitement connue des créanciers gagistes (2).

Si, au lieu de la faillite du débiteur, nous supposons une déconfiture, l'utilité de cette simple convention va paraître encore bien autrement efficace. Dans cet état général d'insolvabilité d'un non-commerçant la loi ne prend pas de précautions d'ensemble pour assurer l'égalité proportionnelle entre tous les créanciers ; chacun d'eux fera les diligences nécessaires pour se faire désintéresser, ce qui nous autorise à tirer les conclusions suivantes : une convention est formée, dans laquelle un gage est causé, soit une créance que le débiteur possède contre un tiers ; le créancier gagiste n'est pas encore mis en possession quand se produit la déconfiture du débiteur. Tant

(1) Cass., 24 déc. 1860. *Journal du Palais,* 1861, 225, et 9 déc. 1868. *J. Pal.*, 1869, 275 et note.

(2) Cass., 8 juin 1854. Rivière, *Codes,* en note dans l'article 447. Cet arrêt que nous appliquons par analogie a été rendu dans une espèce où une hypothèque avait été consentie dans les mêmes conditions que le gage au texte.

qu'une saisie-arrêt n'aura pas frappé d'indisponibilité toute la créance et assuré, par ce moyen, la répartition, au marc le franc, entre tous les créanciers, le gagiste pourra se faire mettre en possession et poursuivre utilement le débiteur de la créance engagée, si les deux créances sont arrivées à échéance. Si la dette principale et la créance engagée sont toutes deux échues, le créancier pourra même, sans toucher cette dernière créance, paralyser le droit des autres créanciers, et il a pour cela de nombreux moyens : d'abord ceux que lui confère l'article 2078 ; ainsi la créance sera vendue ou elle lui sera attribuée jusqu'à due concurrence : après quoi la saisie-arrêt pratiquée par les autres créanciers serait inefficace. — Le créancier pourra même, d'accord avec le débiteur principal, si le débiteur de la créance engagée y consent, prendre tous arrangements qui auront pour effet d'éteindre le gage, sans recourir à l'intervention de justice (article 2078), soit en recevant le paiement, dont le montant se compensera avec partie égale de la dette principale, soit en consentant une novation au débiteur, soit encore en vendant à l'amiable la créance ; le gage ainsi est éteint et une saisie-arrêt des autres créanciers frapperait dans le vide. Dans ces dernières hypothèses les autres créanciers ne sauraient arguer de ce que le gagiste n'avait pas un privilège qui lui permît d'être payé exclusivement sur la créance engagée ; c'était à eux à intervenir à temps ; toutes les opérations au moyen desquelles le gagiste a obtenu son remboursement ont été accomplies entre le créancier et les deux débiteurs, et entre ceux-ci il ne peut être question de privilège (1).

Quoique le déconfit se trouve dans une situation civile analogue à la situation commerciale du failli, la position du créan-

(1) En ce sens : un arrêt de la Cour de Bordeaux, du 26 mai 1873. *J. Pal.*, 1874, 85 et la note.

cier est absolument différente dans les deux cas. Reprenons notre hypothèse de la simple convention; mais en la modifiant un peu : la convention de gage a eu lieu, mais le gage n'a pas été remis parce que le créancier a accordé un terme au débiteur. La faillite du débiteur est déclarée avant que le créancier ne soit en possession, le gage tombe dans la masse commune et est définitivement perdu pour le créancier. Le débiteur tombe-t-il au contraire en déconfiture? en vertu de l'article 1188 du Code civil, le bénéfice du terme est enlevé au déconfit, et dès à présent le créancier pourra réclamer la possession du gage.

Si au sujet de cette convention un débat s'élève entre les parties contractantes, sans mettre en jeu l'intérêt des tiers, leurs prétentions seront déterminées par les règles générales, en matière de preuve, des articles 1341 et suivants du Code civil. Dans les cas où il est nécessaire, l'acte écrit fera pleine foi de l'accord des parties; la date certaine sera déterminée par l'enregistrement ou l'un des équivalents de l'article 1328. Dans toutes les hypothèses où l'écrit est suppléé par la preuve testimoniale, ce mode de preuve sera admis; enfin, le serment pourra être déféré au débiteur et l'aveu de ce dernier fera contre lui pleine foi de l'existence de la convention.

§ 2. *Le gage considéré comme contrat nommé :* A. *Gage simple ;* — B. *Modes de preuves de ce contrat.*

A. gage simple.

Nous ne sommes plus en présence d'une simple convention; nous supposons que le créancier a été mis en possession de l'objet promis en garantie. Entre le créancier et le débiteur, le contrat de gage est parfait. La remise de la chose au créancier donne à notre contrat ce caractère de réalité qui en est une des conditions essentielles; c'est maintenant un contrat nommé.

Il se présente ainsi dans deux situations distinctes : les parties ont pu avoir l'intention de borner là le contrat de gage ; le créancier se contente de la garantie que lui assure l'objet engagé dans ses rapports avec le débiteur, sans chercher à se mettre en garde contre les tiers. C'est ce contrat que nous allons étudier ici. Peut-être aussi n'est-ce dans l'intention des parties que l'étape par laquelle passe forcément le contrat de gage, avant que l'accomplissement des formalités des articles 2074 et 2075 n'ait donné naissance au privilège du créancier gagiste à l'encontre des tiers.

Prenons un exemple : Un créancier se fait remettre en garantie un gage que nous supposons un meuble incorporel, un titre au porteur ou nominatif par exemple.

Nous qualifierons ce contrat de *gage simple* pour rendre notre pensée plus claire surtout quand nous aurons à le comparer avec le gage créant un privilège.

Ce gage simple, c'est le contrat qui interviendra lorsque le créancier n'ayant pas de craintes sérieuses quant à la solvabilité de son débiteur, veut cependant avoir contre celui-ci plutôt un moyen de contrainte qu'une sûreté parce qu'il connaît la négligence que le débiteur apporte en général dans l'exécution de ses engagements.

Sommes-nous entrés dans le contrat de gage tel que le Code civil le définit? Evidemment non, puisqu'il ne peut être question ici pour notre créancier gagiste du privilège que l'article 2073 accorde au bénéficiaire du contrat de gage. Mais la définition du nantissement de l'article 2071 en revanche s'applique exactement à notre hypothèse. Nous serions donc en présence d'un nantissement qui ne serait ni un gage, ni une antichrèse.

Ce raisonnement mécanique serait inexact, car la véritable définition du gage résulte surtout de l'article 2071. Dans l'article 2073 l'idée de privilège a fait donner aux rédacteurs du Code une définition trop étroite du gage ; ils ne l'ont considéré que comme droit opposable aux tiers, sans se préoccuper de ce contrat dans les rapports du créancier et du débiteur.

Aussi peut-on se demander si les dispositions qui règlementent le gage sont applicables en l'espèce, ou s'il ne faut que tenir compte de la volonté présumée des parties pour laisser au créancier une liberté beaucoup plus grande. Ainsi celui-ci sera-t-il tenu de se conformer aux dispositions de l'article 2078 relatives à la mise en vente du gage ? Ne pourra-t-il pas, à défaut de paiement, s'approprier l'objet engagé ? le bénéfice du gage tacite dans les termes de l'article 2082, 2°, lui sera-t-il accordé ? la possession devra-t-elle avoir les mêmes qualités dans le gage simple et dans le contrat de gage emportant privilège ? Autant de questions que le silence du Code rend d'une solution difficile.

La jurisprudence nous fournit des décisions assez nombreuses au sujet d'hypothèses qui rentrent dans ce contrat, mais elle ne paraît pas avoir jamais voulu nettement le distinguer du gage classé au Code.

Il nous semble que les mêmes considérations qui ont dicté au législateur les règles protectrices des intérêts du débiteur, doivent, en présence d'une situation analogue, prévaloir ici. Que des tiers interviennent ou non dans le règlement définitif du contrat de gage, l'influence que le créancier a sur le débiteur est toujours la même. Il est toujours à craindre que la situation difficile de celui-ci au moment de la formation du contrat ne le fasse consentir à un pacte commissoire ; qu'il ne sache résister à la clause qui permettrait au créancier de vendre à échéance l'objet engagé sans les formalités de l'article 2078.

Il apparaît encore que l'intention présumée des parties qui a dicté au législateur l'article 2082, 2°, s'applique en notre matière. Le créancier a témoigné de sa défiance envers le débiteur en lui demandant un gage ; on doit supposer que s'il consent, au même débiteur, un nouvel emprunt échéant avant la première obligation, c'est qu'il considère l'objet engagé comme devant garantir les deux dettes.

Enfin le motif de l'article 2081 se retrouve encore ici : le créancier possède la valeur engagée, titres au porteur, par exemple ; lui seul peut en toucher les intérêts ; il est juste qu'il les impute en déduction des intérêts de la dette et même du capital, si la dette ne porte pas intérêts. Mais il faut remarquer que si le meuble incorporel engagé est une créance à forme ordinaire ou un titre nominatif, l'article 2081 ne saurait plus être appliqué, car la Société qui a émis le titre nominatif refuserait de payer les intérêts à un porteur autre que le titulaire, et le débiteur de la créance engagée pourrait agir de même tant qu'une signification ne lui aurait pas légalement dénoncé le transport-nantissement de sa dette.

Mais, sur un point, le simple gage diffère absolument du gage emportant privilège ; c'est à propos de la possession et du droit qui en résulte. Nous voudrions prouver que la possession doit être ici beaucoup plus facilement reconnue que dans le contrat de gage emportant privilège, mais que l'état de fait qui en résulte ne confère au créancier qu'un droit de rétention opposable au seul débiteur, alors que le gage des articles 2073 et suivants lui assure un droit de rétention opposable aux tiers.

Et d'abord il n'est pas douteux que le créancier, par suite de l'intention des contractants, possède un droit de rétention opposable au débiteur ; la convention de gage a été réalisée, l'objet engagé garantit au créancier le remboursement de la dette. En dehors de toute action judiciaire, action nécessaire dans la simple convention pour paralyser le mauvais vouloir du débiteur, la détention de l'objet fournit au créancier un moyen indirect de se faire payer. Et au débiteur réclamant sa chose, le créancier répondra : « Payez, sinon je ne rends pas le gage. »

Mais ce droit de rétention, peut-on nous objecter, n'a rien de spécial et n'est qu'une des formes du droit de rétention que de nombreux auteurs considèrent comme un droit non opposable aux tiers. Nous ne le croyons pas cependant et nous le tenons pour un droit d'une nature particulière qui ne rentre dans aucune des opinions que l'on propose sur la rétention. L'énoncé seul des doctrines sur l'étendue de la rétention, doctrines dont le détail est en dehors de notre sujet, convaincra de l'évidence de cette proposition.

Dans un premier système, la loi seule a pouvoir pour accorder le droit de rétention (*MM. Laurent*, *Paul Pont*). Une seconde opinion trouve son point d'appui dans l'article 1184 du Code civil et sous-entend le droit de rétention dans tous les contrats synallagmatiques au cas où l'une des parties ne satisfait pas à son engagement (*MM. Aubry et Rau*). Enfin dans un autre système la « rétention » existe toutes les fois qu'il y a *debitum cum re junctum*, c'est-à-dire lorsque la créance est née à l'occasion de la chose réclamée (MM. Colmet de Santerre, Demante, Dalloz, Demolombe).

Nous sommes tout à fait en dehors de ces opinions : la loi ne s'occupe pas de notre droit ; notre contrat n'est pas synallagmatique ; et l'objet engagé n'est pour rien dans la créance qu'il garantit et qui n'est pas née à l'occasion de cet objet.

C'est donc sur un autre terrain qu'il faut asseoir le fondement de ce droit. Pourquoi le créancier retient-il la chose ? C'est parce que la convention lui a conféré ce pouvoir ; c'est là le principe d'équité dont le législateur n'a pu donner toutes les applications. On nous objectera peut-être qu'il est inutile de vouloir édifier une théorie qui est d'avance écrite dans la loi à l'article 2082, 1°. Cet article ne s'occupe-t-il pas en effet du droit de rétention entre le créancier et le débiteur? Lorsque nous expliquerons cette disposition du Code nous chercherons à établir qu'il n'y est question que de la rétention opposable non-seulement au débiteur, mais aussi au tiers, droit d'une nature spéciale aussi et qui demande pour être exercé que les formalités des articles 2074 et 2075 soient remplies. Si cette doctrine est exacte on voit donc que le droit dont nous nous occupons ici est tout autre que celui de l'article 2082, car personne ne songe à appliquer à notre simple gage les formalités nécessaires à la naissance du privilège.

En admettant pour vrai ce point controversé que le droit de rétention de l'article 2082 est un droit opposable aux tiers, nous sommes ici en présence d'un droit de rétention opposable au seul débiteur. D'où ces conséquences : la demande en restitution de l'objet engagé par son propriétaire, le débiteur, sera vaine, tant qu'il n'aura pas remboursé le créancier, détenant le gage, mais tout autre créancier n'aura aucun compte à tenir de notre contrat. En vertu du droit de gage général de l'article 2092 ou aux termes de la convention que ce créancier aurait conclue avec le débiteur, l'objet engagé sera saisi et vendu et servira à payer tous les créanciers par contribution, sans aucune préférence entre les saisissants et le créancier gagiste.

Quant à la possession, elle offrira dans le gage simple cette particularité qui, n'étant que l'exécution d'une convention qui doit être remplie de bonne foi entre les parties, tout fait d'où résultera le dessaisissement du débiteur sera considéré comme suffisant pour la constituer. Plus de question possible sur le point de savoir si la dépossession du débiteur est complète, patente, si elle peut être regardée comme l'instrument de la publicité du contrat par rapport aux tiers ! Les articles 1607 et 1689 s'appliqueront ici à l'impignoration des meubles incorporels sans tenir compte des restrictions qu'il nous faudra faire quand nous traiterons de la possession comme formalité de la naissance du privilège du gagiste. Qu'un titre nominatif soit remis en nantissement par simple tradition manuelle, un titre à ordre, au porteur, une créance à forme civile ordinaire, nous verrons dans ce seul fait une possession suffisante pour créer entre le débiteur et le créancier le contrat réel de gage.

Le contrat que nous venons d'analyser, quoiqu'il s'applique plutôt en pratique aux meubles corporels, nous a paru surtout intéressant parce que les commentateurs du gage le passent en général sous silence ; et de plus parce qu'il peut aussi fort bien se concevoir, ainsi que les exemples précédents le montrent, comme portant sur des meubles incorporels. Il est même étonnant que lors de la discussion du Code civil on n'ait pas insisté sur cette situation cependant dégagée dans notre ancien droit avec la plus grande netteté ainsi que le chapitre suivant va nous montrer.

B. Modes de preuves du contrat de gage simple.

La nature et l'étendue de ce contrat de gage simple mettent hors de doute que, tout en lui appliquant par analogie certaines règles du contrat de gage, il ne saurait être question pour sa validité, entre le débiteur et le créancier, des formalités des articles 2074 et 2075 qui n'ont trait qu'aux conditions de la naissance du privilège et à ce titre ne regardent que les tiers.

Dans son savant commentaire de l'ordonnance de mars 1673, Jousse (1) distingue notre contrat, dans les termes les plus pré-

(1) *Nouveau Commentaire sur les Ordonnances du mois d'août 1669 et de mars 1673*, par M.*** (Jousse), conseiller au Présidial d'Orléans, page 296.

cis, du contrat de gage emportant privilège. Après avoir rapporté le texte de l'article VIII titre VI de l'ordonnance « aucun « prest ne sera fait sous gage, qu'il n'y en ait acte par devant « notaire dont sera retenu minute, et qui contiendra la somme « prestée et les gages qui auront esté délivrez, à peine de res- « titution des gages, à laquelle le presteur sera contraint par « corps, sans qu'il puisse prétendre de privilège sur les gages « sauf à exercer les autres actions », il fait remarquer que la défense portée en cet article n'est « à proprement parler que « contre les usuriés..... D'ailleurs, ajoute-t-il, la disposition de « cet article ne peut avoir lieu que quand d'autres créanciers « s'opposent au privilège prétendu sur le gage par celui qui en « est nanti. *Mais entre le créancier nanti et le débiteur on ne « peut douter que celui-là ne soit bien fondé à retenir le gage « jusqu'à ce que le débiteur ait payé ce qu'il a emprunté sur « ce même gage* (1). » N'est-ce pas encore l'analyse la plus parfaite que nous puissions faire du contrat de gage simple. Il a pu se former entre les parties contractantes une simple convention de gage et, selon les paroles du tribun Gary au Corps législatif, « la vérité de cette convention dut être établie, sui- « vant les règles prescrites par la loi des contrats et des obli- « gations conventionnelles en général (2). » Mais ce qui avait frappé Jousse a passé inaperçu au tribun Gary ; cette convention n'est pas le contrat nommé de gage, et ce ne sont pas seulement les règles des obligations conventionnelles qui devront être observées, mais aussi la plupart des dispositions du contrat de gage des articles 2073 et suivants.

On s'en référera donc au titre du nantissement pour ce qui concerne les difficultés qui pourraient s'élever touchant la vente

(1) Ainsi jugé par un arrêt du 27 janvier 1606 rapporté par Cambolas en ses *Décisions*, liv. 14, chap. 4, page 242. Cité par Jousse page 297.

(2) Locré, t. XVI, p. 13.

du gage, le pacte commissoire, le gage tacite de l'article 2082, 2°. Il faut reconnaître toutefois qu'en pratique ces conflits seront rares et les seules difficultés qui surgiront généralement entre le créancier et le débiteur, porteront sur l'existence même de la convention de gage ou sur la qualité en laquelle le créancier détient la chose. Le gagiste démontrera l'existence de sa créance, au moyen de son titre. Que si aucun titre n'existe ni pour la créance principale, ni pour le contrat de gage, tous les autres modes de preuves, permis par la loi, seront à sa disposition. L'on suivra ces mêmes règles si le titre sur lequel il fonde sa réclamation ne fournit pas en même temps la preuve de sa créance ; ainsi dans une ouverture de crédit garantie par un gage, le créancier devra établir que le montant des avances qu'il réclame a été fourni au débiteur.

Ces règles sont claires et simples, et cependant le désir de nombreux débiteurs de se soustraire à leurs obligations, leur a suggéré souvent l'idée d'arguer de l'inaccomplissement des articles 2074 et 2075 pour soutenir la nullité du gage. Une jurisprudence constante a fait bonne justice de ces prétentions en repoussant la demande du débiteur en restitution de l'objet engagé (1). Un arrêt de la Cour de cassation (2) est intervenu à ce sujet dans une espèce très intéressante où des tiers étaient en cause : l'opération entière de la création et de l'extinction du gage avait été consommée entre le créancier et le débiteur avant toute intervention des tiers. L'arrêt décide que la nullité du privilège était invoquée à tort par les tiers, car le privilège n'est utile au créancier qu'autant qu'il invoque son droit de gage à l'encontre des tiers ; or, le créancier ne s'était jamais trouvé qu'en présence du débiteur.

(1) Rejet, 25 mars 1851. Dal., 1854, 1, 498.
(2) Cass., 22 juin 1858. Dal., 1858, 1, 238.

Ce sera toujours cette solution que l'on appliquera toutes les fois que les tiers n'interviendront qu'après l'extinction du gage dans les rapports du créancier et du débiteur, soit que le créancier ait un droit acquis au prix du gage réalisé (voir l'arrêt du 22 juin 1858), soit qu'il ait éteint par un mode quelconque l'obligation principale ou le gage, remise, confusion, etc... ; soit qu'il ait transformé, en le novant, le droit que lui donnait la chose engagée. Supposons qu'un créancier reçoive en nantissement, par lettre missive, ou même de la main à la main, de son débiteur des créances signifiables sur un tiers ; il ne remplit aucune des formalités imposées par les articles 2074 et 2075 ; à l'échéance de la dette principale les parties conviennent que le créancier se fera payer sur le gage ; le débiteur des créances engagées et échues dans l'impossibilité de payer souscrit au créancier de nouvelles valeurs que celui-ci accepte, en mettant hors de cause pour l'avenir le débiteur principal. Cette novation éteint à la fois l'obligation principale et le gage pour y substituer une dette nouvelle. Que les tiers viennent alors élever des réclamations, leur action tardive sera inefficace.

CHAPITRE IV.

MEUBLES INCORPORELS SUSCEPTIBLES D'ÊTRE DONNÉS EN GAGE.

Un principe domine ce sujet, c'est que l'objet sur lequel le débiteur veut constituer un droit de gage doit être mobilier. Cette proposition ressort avec évidence de la définition même du gage, mais il est cependant utile d'y insister, car si le principe est clair et certain, les applications en sont souvent difficiles et controversées. — Après avoir développé ce point, nous indiquerons ensuite les conditions dans lesquelles le meuble incorporel est susceptible d'être donné en gage dans l'ordre suivant :

§ 1. Pour faire l'objet d'un gage, la chose incorporelle doit être mobilière.

§ 2. Pour faire l'objet d'un gage, le meuble incorporel doit être cessible.

§ 3. Pour faire l'objet d'un gage, le meuble incorporel doit être susceptible de tradition et de possession.

§ 4. Pour faire l'objet d'un gage le meuble incorporel doit être susceptible de se plier aux formalités des articles 2074 et 2075.

§ 1. *Pour faire l'objet d'un gage, la chose incorporelle doit être mobilière.*

Le gage, dans notre droit, n'embrasse que les choses incorporelles mobilières ; c'est donc aux meubles incorporels seulement que nous avons à étendre les règles de la cession transportées par la loi au nantissement. La remarque est utile car les articles 1689 et suivants du Code civil, qui traitent de la cession, comprennent tous droits et actions sans distinguer entre ceux qui ont un caractère mobilier et ceux qui ont un caractère immobilier ; il suffit qu'ils soient cessibles.

Ces meubles incorporels seront, en revanche, tous les droits et actions *qui tendunt ad quid mobile*, qu'ils soient personnels, comme une créance ou un droit au bail, qu'ils soient réels, comme un usufruit mobilier ou un brevet d'invention.

Sans rapporter ici la classification des biens incorporels que

le Code civil établit aux articles 526 et 529, rappelons seulement ceux de ces biens immobiliers dont la forme pourrait amener une confusion et les faire classer parmi les meubles : les actions de la Banque de France, les rentes sur l'Etat comprises dans la constitution d'un majorat, la redevance due par le concessionnaire d'une mine au propriétaire du sol, mais seulement pendant qu'elle reste l'accessoire du droit de propriété, car elle se transforme en une rente mobilière lorsqu'elle est séparée du fonds par une cession et dans ce dernier cas elle pourrait être engagée.

Le caractère mobilier d'une créance n'est pas modifié par les droits accessoires qui la garantissent, aussi ne recherchons-nous pas si l'hypothèque est un droit mobilier, système pour lequel nous prenons parti, ou un droit immobilier, abstraction faite de l'obligation principale. La créance est-elle mobilière ? quelque soit le droit qui la garantit, l'engagement de la créance est valable.

L'obligation de faire ou de ne pas faire est-elle mobilière ou immobilière ?

Pothier enseignait « que toutes les créances d'un fait doivent « être placées dans la classe des actions mobilières, soit qu'elles « consistent dans l'obligation qu'a contractée envers nous le « débiteur de faire ou de ne pas faire quelque chose *quæ* « *nostra intersit fieri aut non fieri*, car ces créances n'ont pour « objet aucun immeuble (1). »

Cette doctrine est aujourd'hui généralement admise par les auteurs et la jurisprudence, cependant une opinion formulée pour la première fois par Proudhon (2) et adoptée par

(1) Pothier, *Des choses*, partie II, n° 2 et *Introduction générale aux coutumes* n° 50.

(2) Proudhon, *Du domaine de propriété et de la distinction des biens*, tome I, n° 186.

MM. Pont et Rodière (1) considère comme immobilière la créance d'un fait relatif à un immeuble, surtout lorsqu'il doit procurer un immeuble à celui au profit duquel elle a eté contractée. M. Colmet de Santerre qui professe cette opinion (2) en voit le fondement dans le correctif que l'article 1144 du Code civil apporte à l'article 1142 : « Si elle se résolvait toujours en dom-« mages-intérêts (l'obligation de faire), dit M. Colmet de « Santerre, elle aurait toujours pour objet des sommes d'argent « et serait un meuble, mais comme l'obligation de construire « une maison sur le terrain du créancier doit procurer dans « tous les cas à ce créancier un immeuble, soit que le débiteur « fasse lui-même l'ouvrage, soit que le créancier le fasse exé-« cuter par un tiers, il faut ne pas s'arrêter à la formule trop « générale de l'article 1142 et reconnaître que cette créance « est un droit immobilier. » Nous ne saurions cependant nous rendre à cette argumentation, si concluante qu'elle paraisse. Il nous semble plutôt avec MM. Demolombe et Aubry et Rau (3) que la nature d'une obligation ne devant être déterminée que par l'objet direct auquel elle s'applique, cet objet sera dans l'hypothèse précédente non l'immeuble, mais le fait même de construire une maison auquel s'est engagé le débiteur, et quand le créancier poursuivra ce débiteur, il ne conclura pas à ce qu'il lui donne ou lui livre un immeuble, mais à ce qu'il accomplisse son obligation de faire. Puis n'est-il pas naturel de donner à l'obligation la nature des choses que l'on peut obtenir indépendamment de la volonté du débiteur, et que sera-ce ? des dommages-intérêts, c'est-à-dire une somme d'argent, un objet mobilier.

(1) *Du contrat de mariage*, tome I, n° 336.

(2) M. Colmet de Santerre : *Cours de droit civil*, tome V, page 90, n° 60 *bis*.

(3) M. Demolombe, *De la distinction des biens*, I, n° 372. MM. Aubry et Rau, tome IV, page 28.

Nous verrons donc, dans une obligation de faire ou de ne pas faire, un droit incorporel mobilier, et le bénéficiaire d'un semblable droit pourra l'engager à la sûreté d'une obligation principale qu'il aurait contractée. Ainsi, le propriétaire du terrain sur lequel un architecte s'est engagé à construire, en contractant un prêt en garantira valablement le remboursement, en fournissant au créancier une hypothèque sur le terrain et, pour plus ample sûreté, un gage représenté par le titre qui constate l'obligation de bâtir souscrite par l'entrepreneur.

Droit au bail. — La solution que nous venons de donner sur la nature de l'obligation de faire nous dispense d'entrer dans les détails, en dehors de notre sujet du reste, de la controverse sur la nature mobilière ou immobilière du droit du preneur. Cette créance du locataire a pour objet un fait à accomplir par le bailleur, qui consiste dans la jouissance que celui-ci doit lui procurer; elle ne peut donc être que mobilière. A ce titre la créance du locataire peut être mise en gage. Ne reconnaître au preneur qu'une créance c'est prendre parti pour la personnalité du droit que confère le bail. Mais il ne faudrait pas renverser la proposition et prétendre qu'en admettant la personnalité du droit du preneur il en résulte pour celui-ci un droit mobilier ; non, car rien n'empêche, comme nous l'avons déjà dit, qu'une créance soit immobilière (1).

La jurisprudence reconnaît au locataire d'un bail ordinaire un droit personnel mobilier, mais elle se refuse à étendre ce droit du bail ordinaire au bail emphytéotique qu'elle considère comme un droit réel immobilier, susceptible par conséquent d'hypothèque et non de gage. Pour nous les articles du Code civil qui énumèrent : 526 les immeubles incorporels, 543 les

(1) M. Colmet de Santerre, tome VIII, nos 298 bis et suivants.

droits réels formant les démembrements de la propriété, 2118 les biens susceptibles d'hypothèques et 2204 ceux dont on peut poursuivre la saisie immobilière, tous articles qui ne font aucune mention de la jouissance à titre d'emphytéote, expliquent par cela même qu'ils ne la considèrent pas comme un droit immobilier. C'est une solution contraire, il est vrai, à celle qu'admettait notre ancien droit. Le bail emphytéotique, en effet, habituellement perpétuel était considéré comme conférant au preneur le domaine utile tandis que le domaine direct restait au propriétaire. Le droit intermédiaire avait conservé implicitement ce caractère à l'emphytéose dans l'article 1 de la loi des 18-29 décembre 1790, en exceptant de la faculté de rachat les rentes dues en vertu de ce droit qu'il limitait toutefois à 99 ans : c'était maintenir ainsi au profit des emphytéotes un domaine utile. La loi des 15 septembre, 16 octobre 1791 confirme encore ce droit réel en faveur de l'emphytéote en le qualifiant de droit réversible.

Mais un premier pas vers le système que nous soutenons fut fait par les lois hypothécaires du 9 messidor an III et du 11 brumaire an VII qui, tout en décidant que l'emphytéose pourrait être hypothéquée pourvu qu'elle eut vingt-cinq ans de durée, qualifie ce droit d'*usufruit* ou de *jouissance à titre d'emphytéose*. Dans la pensée de ces lois, si le droit reste réel, il n'est plus que ce qu'il était à Rome, un droit réel de jouissance sur la chose d'autrui ; toute notion du domaine utile a disparu.

Aussi cette conclusion semble-t-elle s'imposer, que le silence du Code complètant la transformation commencée par les lois de l'an III et de l'an VII, l'emphytéose n'est plus qu'un simple droit mobilier personnel, ne conférant au bénéficiaire qu'une créance de jouissance comme le bail ordinaire. Ce silence du Code est certainement prémédité, car, lors de la discussion de l'article 2118, Tronchet s'exprima en ces termes : « L'emphy-« téose n'a plus d'objet aujourd'hui, elle ne se produit plus « dans l'état actuel de la société, car elle n'avait d'utilité qu'à « l'époque des grands défrichements de territoire. » Ajoutons enfin cette dernière considération que, le contrat de louage pouvant se prêter à toutes les modifications, à la convenance des parties, l'intérêt social n'exigeait pas un bail de forme et de nature spéciales comme l'emphytéose. Notre conclusion est que l'emphytéose n'est plus qu'un bail ordinaire; nous rangerons donc ce droit avec les objets mobiliers susceptibles d'être donnés en gage.

Une créance facultative pourra-t-elle être engagée? — Oui, car la prestation due est déterminée au moment de la naissance de la dette, et, si cette chose est mobilière il n'y a pas à considérer le caractère immobilier de la *facultas solutionis* au moyen de laquelle le débiteur peut se libérer de son obligation.

L'action en reprises de la femme mariée sous le régime de la communauté nous donne un exemple d'une créance de cette espèce (article 1471 du Code civil). L'arrêt solennel rendu par la Cour de cassation le 16 janvier 1858 mit fin à la célèbre question controversée portant sur la nature de l'action de la femme lorsqu'elle exerce ses reprises, en décidant qu'elle n'était que créancière au même titre que tous les autres créanciers de la communauté avec lesquels elle concourrait et que, ne pouvant être considérée comme propriétaire, elle ne pourrait agir par voie de prélèvement, soit qu'elle renonçât, soit qu'elle acceptât la communauté. Quand un immeuble ou un meuble propre de la femme est, en effet, vendu et que l'argent en est versé, sans remploi, dans l'actif commun, de ce jour, la femme est bien créancière de la communauté au même titre qu'un prêteur étranger. L'obligation qui naît de ce fait consiste donc en ce que la communauté est débitrice d'une certaine somme vis-à-vis de la femme et celle-ci est purement et simplement créancière tant que dure la communauté. La nature de la créance ne saurait être transformée par le bénéfice que lui accorde l'article 1471, en lui permettant « de prendre, à son « choix, à défaut d'argent ou de mobilier, tel ou tel immeuble « en paiement. » Une créance se détermine, en effet, par la chose qu'elle a principalement pour objet et non par le caractère mobilier ou immobilier de la prestation qui l'éteint. Or ici la femme a droit à une somme d'argent et le prélèvement qu'on l'autorise à faire n'a pour but que de faciliter la liquidation de la communauté, en évitant les lenteurs et les frais de la saisie, tout en permettant à la femme de conserver les biens que la vie commune lui a rendus chers. Aussi peut-elle toujours renoncer à ce bénéfice et exiger que les immeubles soint vendus pour se faire payer sur le prix ; il serait injuste de refuser à la femme cette faveur que la loi accorde à tout créancier. C'est là une véritable *datio in solutum* que ce paiement par un meuble ou nn immeuble au lieu et place d'une somme d'argent ; cette action en reprises de la femme constitue donc une créance facultative dont l'objet principal est mobilier, la *facultas solutionis* seule porte sur un immeuble, la créance est donc mobilière et susceptible d'être donnée en nantissement.

§ 2. *Pour être susceptible de mise en gage, le meuble incorporel doit être cessible.*

L'article 2078, en nous montrant l'aliénation de la chose engagée comme le but auquel tend le créancier, implique cette condition que, pour être engagé, le meuble incorporel doit être cessible. D'où cette conséquence qu'en principe tout meuble susceptible de transport-cession est susceptible par là même de transport-nantissement, et cette idée a frappé le législateur au point que pour les deux contrats il s'est servi des mêmes formalités sans que cela dénote, du reste, qu'il ait voulu les assimiler, car les règles du nantissement, sont beaucoup plus restrictives que celles de la cession.

En règle générale tout droit ou toute action portant sur une chose qui se trouve dans le commerce est cessible (article 1598 du Code civil), et peut, par suite, être engagée, sous réserve des prohibitions portées par la loi.

Toutes les créances donc, rentrant dans le large cadre de celles qui tendent au paiement d'une somme d'argent ou à une chose mobilière quelconque, remplissent ces conditions et peuvent être l'objet d'un contrat de gage.

Ainsi toute créance à forme civile ou commerciale, obligation, reconnaissance, billet à ordre, titre au porteur, émanant d'un commerçant ou d'un non-commerçant, de forme authentique ou sous signature privée sont de nature à être engagées.

Il en est de même du bénéfice d'une promesse de vente, même unilatérale, ou d'une promesse de bail, du dépôt fait à une caisse d'épargne.

Ainsi encore : des créances de choses futures : créances de prix de fermages ou de loyers non échus, de redevances en nature, d'arrérages de rentes viagères ou perpétuelles, du prix de cession d'un office dont le titulaire est nommé; du cautionnement des officiers ministériels, sous réserve des privilèges de premier et de second ordre; du titre de rente déposé au trésor, comme cautionnement d'un officier public;

De tous droits conditionnels et éventuels et de toutes créances de même nature, comme : l'action en indemnité à exercer contre une compagnie d'assurances contre l'incendie et le recours éventuel contre les locataires ou voisins, soit avant, soit après le sinistre qui donne ouverture à cette action ou à ce recours (1).

(1) Amiens, 24 juillet 1841, Sirey, 41, 2, 93.

La créance résultant d'une assurance qu'une personne a contractée sur sa vie au profit de ses héritiers ou ayants-droit, car, au décès du débiteur assuré, ses enfants n'ont aucun droit personnel, en dehors de leur qualité d'héritiers, au bénéfice de l'assurance, alors surtout que l'assuré s'est réservé le droit de vendre et céder la police (1). La créance sur le prix d'un office dont le titulaire n'est pas encore nommé, mais seulement lorsque le débiteur a déjà conclu le traité de cession (2). Le droit de commission promis à un individu chargé d'une vente ou d'un achat déterminés. Le droit au bénéfice d'une œuvre littéraire à exécuter par suite d'une convention entre un auteur et un éditeur, mais seulement si l'ouvrage est déjà composé, car il a été jugé que s'il n'était que projeté il ne saurait être cédé, par conséquent mis en gage. La créance qui pourra être due à un entrepreneur à raison de travaux non encore exécutés, mais pour lesquels il existe un traité contenant le principe de la créance conditionnelle. Dans ces deux dernières hypothèses le traité est absolument indispensable car il constitue le titre au moyen duquel le gagiste est mis en possession ; il fournit de plus l'élément des énonciations voulues par l'article 2074 sur la nature des choses engagées.

En résumé toute créance née, conditionnelle ou future peut être engagée, si elle est appuyée sur un titre et que l'espèce et la nature en soient déterminées à l'époque du contrat de nantissement.

Le caractère de cessibilité que nécessite l'aliénation éventuelle de la chose engagée, a fait naître une difficulté à propos des rentes sur l'Etat. Ces rentes, pour exister dans le commerce, n'y sont pas moins pour cela frappées d'insaisissabilité

(1) Aix, 16 mai 1871, Sir., 1872, 345 (et la note) réformant la jurisprudence antérieure.

(2) Bourges, 11 décembre 1844, Sir., 1846, 2, 271.

et leur transfert est assujetti par la loi du 28 Floréal an VII à des règles spéciales. Se fondant sur ces particularités, un débiteur dans un procès devant la Cour de Paris (1), conclut à la nullité du contrat par lequel il avait engagé des rentes sur l'Etat, mais la Cour rejeta cette prétention établissant, à juste titre, la distinction qu'il y a lieu de faire « entre l'exécution « forcée que le créancier prétendrait exercer sur une rente « appartenant à son débiteur et le consentement libre et volon- « taire de celui-ci à ce que le créancier fasse valoir ses droits « sur la rente ». Rien ne peut donc s'opposer à la mise en gage des rentes sur l'État. Et il n'est pas même utile pour la validité du gage de donner au créancier, au moment de la constitution et de la remise des titres, le droit de faire exécuter le transfert, s'il n'est pas payé à l'échéance, car aucun texte n'oblige le créancier à recourir nécessairement à un saisie pour convertir son gage en argent. Nanti des titres le créancier s'adressera au tribunal, qui, ainsi que l'a décidé l'arrêt de la Cour de Paris du 13 janvier 1854, l'autorisera à faire vendre à la Bourse et transférer à son nom ou à exercer son privilège sur le prix en provenant; ainsi le vœu de la loi sera réalisé.

De la double interdiction de saisissabilité et de cessibilité, résulte l'impossibilité de l'engagement des pensions de l'armée de terre et de mer (lois des 11 et 28 avril 1831). — Les droits à une succession future (art. 791, 1130, 1600). — Les traitements de réforme, les pensions civiles (loi du 9 juin 1853, art. 26). — Les rentes viagères de la caisse des retraites sur la vieillesse (28 mai 1853). Toutefois lorsque la loi a permis de saisir une partie de ces droits d'une manière absolue, nous déciderons pour les mêmes motifs que portion égale de ces droits peut être mise en gage.

(1) Paris, 13 janvier 1854. Dal. 1854, 2, 93. — Paris, 17 janvier 1868. *J. Pal.*, 1868, 437.

Devront donc être absolument écartés comme non susceptibles de faire l'objet d'un nantissement tous droits et créances qui, cessibles par leur nature, ont été déclarés, par convention, incessibles par leur possesseur, ainsi sera-t-il des rentes viagères à titre onéreux (1) ou de tout droit dont il aurait été fait donation à un époux par contrat de mariage, avec clause d'insaisissabilité. Une saisie-arrêt ne met pas obstacle à la cession de la créance frappée, par suite à la mise en gage, sauf les restrictions que nous développerons sous l'article 2075.

L'impossibilité dans laquelle se trouve la femme mariée sous le régime dotal d'aliéner ses reprises, système consacré d'une manière définitive par la jurisprudence, conduit à décider que tout engagement des créances qui les lui assure est interdit.

Le même motif d'incessibilité a toujours conduit la jurisprudence, d'accord avec la doctrine, à écarter tout engagement d'une faculté purement personnelle. C'est ainsi que la Cour de Paris rejeta les conclusions d'un créancier qui prétendait avoir acquis, à l'encontre des autres créanciers du débiteur commun, un privilège sur le numéro donnant droit à l'exercice de la boulangerie et par suite sur les fonds de commerce et l'achalandage en dépendant. Cette permission de police ne constituait, en effet, qu'une faculté purement personnelle dont le débiteur ne pouvait se dessaisir au profit d'un autre, puisque l'administration avait toujours le droit de la révoquer selon les nécessités de l'intérêt public. Elle n'était ni susceptible de tradition, ni cessible, deux caractères essentiels pour la constitution du gage (2). Un arrêt précédent avait affirmé la même doctrine à propos du brevet d'imprimeur.

Aujourd'hui ces deux arrêts n'ont qu'un intérêt théorique puisqu'en ces matières les permissions de police sont abolies.

(1) MM. Aubry et Rau, t. IV, p. 421.
(2) Paris, 26 juillet 1851. Dal. 1852, 2, 218.

Mais il faudrait les appliquer à toutes les professions où de semblables formalités sont nécessaires : ainsi une ordonnance de police du 17 juin 1831 n'autorise la profession de brocanteur que sous la condition d'avoir obtenu de la préfecture de police l'autorisation de l'exercer.

Le même caractère tout personnel d'une prestation promise dans l'intérêt exclusif d'une personne nous amène à décider que la mise en gage que celle-ci en consentirait serait nulle ; ainsi pour les créances alimentaires, le droit de retrait successoral, les traitements des militaires et des fonctionnaires civils en activité de service, sauf dans ces deux derniers cas pour la portion dont la loi permet la saisie.

§ 3. *Pour être l'objet d'un gage le meuble incorporel doit être susceptible de tradition et de possession.*

De cette idée que la tradition est inséparable du contrat de gage, puisqu'elle en est une des conditions essentielles, il s'en suit que tout meuble incorporel doit être manifesté par un titre pour que sa mise eu gage soit possible.

La nature immatérielle des œuvres de l'esprit les met hors des domaines du droit ; en ce sens elles sont aussi incessibles qu'insaisissables, mais lorsqu'elles sont réalisées par l'impression, la gravure, la sculpture, la peinture ou de toute autre manière, elles constituent pour leur propriétaire un bien qui rentre tout à la fois dans le domaine des choses corporelles et des choses incorporelles, droit actuellement défini, susceptible de tradition et, par conséquent, pouvant faire l'objet d'un contrat de gage. Et ces œuvres sont même si exactement matérialisées dans leur reproduction qu'il n'est pas nécessaire, pour leur mise en gage, que le débiteur transmette au créancier gagiste le titre d'acquisition de ces ouvrages ; il suffira qu'il remette les planches, pierres, clichés, c'est-à-dire l'instrument au moyen duquel on le matérialise et qui sert indéfiniment à leur reproduction (1). Ces œuvres cessent même ainsi d'être des objets incorporels pour devenir de véritables meubles corporels.

Des difficultés ont été soulevées à propos de l'impignoration de certains meubles incorporels sur le point de savoir de quel fait résultait leur tradition : nous voulons parler du droit au bail et du brevet d'invention, des titres nominatifs, des rentes sur l'Etat; mais nous aurons à revenir sur tous ces droits dans la discussion de l'article 2076 où ils seront l'objet d'amples détails.

Si la tradition du meuble incorporel est impossible, faute qu'il soit constaté par un titre, la mise en gage n'en peut avoir lieu. Il a été jugé en ce sens qu'était nul le transport en nantissement de l'action en répétition des impenses faites par le mari sur les immeubles de sa femme. Si l'on permettait un pareil gage, on arriverait ainsi à tourner la règle de notre droit qui prohibe l'hypothèque mobilière, puisque, la tradition étant impossible, le débiteur resterait forcément en possession et pourrait consentir des droits de gages successifs.

§ 4. *Pour être l'objet d'un gage le meuble incorporel doit pouvoir se plier aux formalités des articles 2074 et 2075.*

L'application de ces articles n'est pas, à la vérité, requise par la loi dans les rapports des parties contractantes, et entre elles, ainsi que nous l'avons démontré, on peut comprendre la mise en gage d'un objet sur lequel les formalités des articles 2074 et

(1) Jugement du tribunal de la Seine du 2 mai 1848.

2075 n'auraient pas de prise. Mais lorsque le droit de gage sera invoqué par le créancier, à l'encontre des tiers, ceux-ci pourront le méconnaître, si ces formalités n'ont pas donné naissance au privilège qui seul leur est opposable.

Ainsi la convention des parties faisant loi entre elles, rien ne les empêchera de constituer un gage sur une créance alternative, mais sur un tel gage le créancier ne pourra jamais asseoir un privilège, que les deux objets *in obligatione* soient mobiliers ou immobiliers, car l'article 2074 demande sous peine de nullité que le contrat de gage indique la nature et l'espèce de la chose remise en nantissement, ce qui est impossible dans cette obligation.

Il faut reconnaître, du reste, que par faveur pour le crédit, la jurisprudence et la doctrine ont fait une large brèche au principe qui forme la rubrique de notre paragraphe. Pour permettre l'engagement d'un usufruit mobilier et des brevets d'invention, on a admis la suppression de la signification ; de même pour les titres nominatifs, les rentes sur l'Etat et les titres au porteur. Nous retrouverons tous ces droits incorporels que nous indiquons ici seulement, aux articles 2074 et 2075 à l'occasion desquels ils donnent lieu à de nombreuses controverses.

CHAPITRE V.

RÈGLES CONCERNANT LA NAISSANCE DU PRIVILÈGE DU CRÉANCIER GAGISTE SUR LES MEUBLES INCORPORELS.

§ 1. Causes qui ont fait édicter ces règles au législateur. — § 2. L'article 2074. — § 3. L'article 2075. — § 4. Meubles incorporels pour l'engagement desquels la signification de l'article 2075 est inutile ou est contestée.

§ 1. *Causes qui ont fait édicter ces règles au législateur.*

Sous le Chapitre III où nous avons traité de la simple convention et du gage entre les parties contractantes, nous avons vu que les conditions de validité de ces contrats n'étaient soumises à aucune formalité extérieure.

Nous passons maintenant à une autre phase du contrat de gage ; les créanciers du débiteur commun entrent en jeu. C'est alors que surgit le véritable intérêt de ce contrat de crédit dont le but est de donner à un créancier une sûreté opposable à toute une autre classe de créanciers. Le législateur justement frappé du droit considérable qu'il accorde à l'un, au détriment peut-être de beaucoup d'autres, s'attache par tous les moyens à rendre public, notoire ce droit, et à l'entourer de rigoureuses formalités qui rendent impossible toute espérance de fraude.

Le droit romain, nous l'avons vu, ne s'est jamais préoccupé

de défendre par une publicité protectrice les créanciers contre les fraudes que pouvait commettre le débiteur, soit seul, soit de collusion avec le créancier gagiste. Et, en présence d'une législation aussi savante que celle de Rome, dans laquelle de nombreuses règles étaient destinées à déjouer les ingéniosités de la mauvaise foi, on peut se demander si le gage y eut jamais une bien grande extension ou si ce ne fut pas comme un parti pris de la part des jurisconsultes de laisser sans défense les créanciers pour ne pas entraver la circulation des biens. C'est là un problème sur la solution duquel les textes ne nous donnent aucun éclaircissement. Ce qui est certain, c'est que le créancier ne pouvait que suivre aveuglément la foi de son débiteur, si celui-ci restait en possession de l'objet engagé, ou lui demander des sûretés telles qu'il n'eût rien à craindre de son insolvabilité.

Nous avons déjà indiqué au commencement de cette étude que le gage des meubles incorporels existait en pratique dès la fin du XIVe siècle, au temps de Bouteiller, mais ce n'est qu'à la fin du XVIe que nous rencontrons les premiers documents législatifs dont les rédacteurs du Code se sont inspirés.

Il n'y est pas question des meubles incorporels ; ce sont les règles générales du gage, mais à ce titre elles méritent d'être signalées, car elles s'appliquaient évidemment à notre sujet.

L'arrêt du règlement du 25 novembre 1599 dispose que « aucun prêt ne pourra être fait sur gages pour une somme « excédant cent livres, sans que reconnaissance du prêt fût « passée par écrit » et impose comme sanction de cette disposition « l'obligation pour le créancier de rendre le gage sans « que le débiteur soit tenu de rendre la somme prêtée. »

Cette règle est beaucoup trop sévère et d'un esprit très critiquable, car elle excite le débiteur à tromper le créancier ignorant en faisant croire à ce dernier qu'un écrit est inutile ;

et pour prix de cet acte dolosif la loi accorde au débiteur la libération de sa dette et la restitution de l'objet engagé !

Il semble toutefois que la disposition était utile à cette époque puisqu'elle fut successivement reproduite par les ordonnances de 1629 article 48 et de 1667, et enfin par l'ordonnance de 1673 article 8. Cette dernière ordonnance veut « un acte par devant notaire,... contenant la somme prêtée et les gages délivrés... à peine de restitution des gages, sans qu'il (le prêteur) puisse prétendre de privilège, sauf à exercer ses autres actions ».

Dans son commentaire sur l'ordonnance de 1673, Jousse nous apprend que la défense portée en cet article (ce qu'il dit de l'ordonnance de 1673 doit s'appliquer aux ordonnances précédentes, la disposition étant toujours la même) n'était appliquée que contre les usuriers et que le créancier nanti du gage était cru sur son affirmation, sans que dans l'usage il eût à rapporter la preuve par écrit du nantissement. C'était aussi la doctrine de M. Le Camus, lieutenant civil du Châtelet de Paris en ses observations sur l'article 181 de la Coutume de Paris (1).

Les mêmes règles sont développées par Pothier dans son traité du nantissement ; il les étend comme Jousse et les autres commentateurs de l'ordonnance, ainsi que le faisait la jurisprudence, du gage commercial en vue duquel elles avaient été édictées au gage civil.

Les rédacteurs du Code civil se sont inspirés de cette ordonnance et des travaux de Jousse et de Pothier : « Si cette con-
« vention doit être opposée à des tiers... il faut : que la remise
« du gage ait une date certaine qui exclue toute idée de fraude
« entre le détenteur (le gagiste) et le propriétaire du gage...

(1) *Commentaire sur les ordonnances de 1669 et de 1673*, par ***. (Jousse) conseiller au présidial d'Orléans, pages 296 et 297 ; en note.

« (et pour cela) un acte public ou sous-seing privé « dûment enregistré est nécessaire. Sans cette précaution un « débiteur infidèle au moment où il verrait que ses effets « mobiliers vont être mis sous la main de la loi, parviendrait « par des intelligences criminelles à les soustraire à l'action de « ses créanciers ». Ainsi s'exprimait le tribun Gary au Corps législatif le 25 ventôse an XII, en présentant le vœu du tribunal sur la loi relative au nantissement, développant ainsi la première formalité qu'exige notre article 2074 :

Le privilège n'a lieu qu'autant qu'il y a un acte public ou sous-seing privé dûment enregistré...

Notre législation a donc brisé avec la doctrine romaine ; continuant les perfectionnements déjà commencés par notre ancien droit, elle a établi des mesures de protection pour le tiers, pensant qu'elle devait leur venir en aide alors même que confiants dans la solvabilité de leur débiteur, ils ne lui demandent aucune garantie. L'expérience ayant indiqué les fraudes possibles on s'est attaché à paralyser chacune d'elles par des mesures spéciales.

La mise en possession du créancier gagiste pare à un nouvel engagement frauduleux du même objet à un autre créancier, ainsi qu'à une cession frauduleusement consentie postérieurement au contrat de gage. Pour éviter une substitution d'objets plus précieux à ceux d'abord compris dans la constitution de gage ou l'augmentation de la dette, au moyen d'un acte antidaté, on a exigé un acte écrit contenant la déclaration de la somme due et la description du gage. Afin de rendre l'usure impossible la loi interdit l'appropriation du gage par le créancier en cas de non-paiement à l'échéance. Puis toutes ces mesures constituent une publicité, indiquant et précisant aux tiers la diminution du patrimoine du débiteur.

Etablissons l'hypothèse dans laquelle le gage va être constitué : une personne gênée ou n'étant pas suffisamment connue pour que sa seule signature lui procure du crédit, se met en relation avec un capitaliste. Un prêt est consenti par ce dernier et, à titre de garantie, le débiteur donne en nantissement une créance. Nous supposons que le prêt est à terme et qu'en prévision des difficultés qui pourraient survenir avec des tiers, le créancier, pour s'assurer un privilège, accomplisse les formalités de la loi.

§ 2. *L'article 2074.*

A. L'acte écrit. — *B*. L'enregistrement. — *C*. Détermination de la dette garantie. — *D*. Description de l'objet engagé. — *E*. Preuves à fournir à ce sujet.

A. Acte écrit.

La première opération sera la rédaction d'un acte public ou sous-seing privé (article 2074).

Comment se dresse cet acte ? Quel peut-il être ? Un acte public ou sous-seing privé, nous répond le Code, élargissant ainsi l'ordonnance de 1673 qui en pareille matière demandait « un acte par devant notaires ». Si les parties veulent dresser un acte public, devra-t-il être notarié ? ou devra-t-il seulement revêtir la forme plus large d'un acte public ? Cette dernière théorie est soutenue par de nombreux auteurs ; pour eux « tout acte d'une administration publique dressé dans le cercle de ses attributions administratives, étant un acte public, rentre dans les termes mêmes de la loi (1) ». Un argument de texte tiré de l'article 54 du Code de procédure vient à l'appui de ce système ; cet article dispose que les conventions des parties

(1) M. Paul Pont, *Petits contrats*, tome II, n° 1088.

insérées « au procès-verbal de conciliation ont force d'obligation privée ». Comment admettre alors que le même objet qui pourrait être engagé, pour sûreté d'une obligation, par un acte sous-seing privé, ne puisse plus être engagé dans un procès-verbal de conciliation dressé par le juge de paix, c'est-à-dire, dans un acte où la présence de ce magistrat donne la plus grande autorité à la convention. On répond à cela que les articles 969 et 971 du Code civil se servent aussi des termes « acte public » pour désigner le testament reçu par un notaire et que personne n'a jamais prétendu que cette expression pût indiquer un testament notarié. Cet argument n'est pas bien probant, car les termes de testament public et testament notarié ont toujours été équivalents et de style tandis que les termes de gage public, nantissement public n'ont jamais été usités et n'ont, par suite, pas de synonymes. M. Laurent (1), partisan de l'opinion qui n'admet que l'acte notarié, insiste en faisant valoir la tradition résultant de l'ordonnance de 1373; mais cette tradition ne se retourne-t-elle pas plutôt contre lui, puisque le Code a singulièrement élargi la portée de l'ordonnance en permettant l'acte sous-seing privé qu'elle n'autorisait pas. Enfin ce motif ne devrait guère le toucher que la loi a voulu, dans sa sagesse, la présence d'un officier public pour avertir les parties des formalités à observer ; est-ce que les administrations publiques ne sont pas régies par des fonctionnaires publics et le juge de paix n'est-il pas aussi un officier public ? En tous cas la sollicitude de la loi serait en défaut lorsqu'elle permet aux parties de se passer complètement des avis de cet officier public avec un acte sous-seing privé. Nous admettrons donc que tout acte public peut remplacer l'acte notarié.

(1) M. Laurent, tome XXVIII, page 440.

Le contrat de gage n'est que l'accessoire d'un contrat principal qu'il garantit ; la plupart du temps il ne sera même qu'une clause de ce dernier contrat. Et le vœu de la loi sera satisfait quand les conditions de l'article 2074 se trouveront remplies dans quelque contrat que le gage puisse être inséré. Cependant un arrêt de la Cour de Bordeaux (1) nous montre que la nullité du gage fut soutenue sous ce prétexte que le gage était contenu dans un contrat de mariage et qu'un acte séparé eût été nécessaire; l'arrêt de la Cour rejeta le moyen invoqué et maintint la validité de la convention.

B. L'enregistrement.

L'article 2074 exige en outre que l'acte public ou sous-seing privé constatant le gage soit « dûment enregistré ». — Si l'acte est authentique l'officier public qui l'aura dressé le fera enregistrer ; s'il est sous seings privés la loi laisse ce soin aux parties contractantes. Le tribun Gary signale dans son rapport au Tribunat le but que l'on se propose : « exclure par la date certaine toute idée de fraude ou « de collusion » (2). C'est là réflêter bien fidèlement la pensée de la loi ; aussi quoique l'opinion du tribun Gary puisse, dans une certaine mesure, n'avoir que la valeur d'une opinion personnelle, tous les commentateurs s'accordent-ils à en reconnaître l'exactitude. Et la jurisprudence avec la majorité des auteurs, s'attachant plus à l'esprit qu'au texte de la loi, et se fondant sur les paroles de Gary, ont admis, par faveur pour ce contrat de crédit, que la formalité de l'enregistrement pouvait être remplacée par tous les équipollents de l'article 1328. Il semble en

(1) Bordeaux, 8 juin 1832. Sir. 32. 2. 655.
(2) Locré, t. XVI, page 39

effet, que tous les modes par lesquels la date certaine est assurée puissent remplacer dans l'article 2074, l'enregistrement indiqué *exempli causa.* Exiger l'enregistrement serait du formalisme, ajoute-t-on ; ce n'est pas en effet une formalité substantielle qu'on puisse assimiler à la transcription pour les donations et à l'inscription pour les hypothèques, puisqu'elle n'est pas exigée comme preuve de l'existence du contrat de gage, mais seulement comme condition de la naissance du privilège (1). Toutes raisons excellentes auxquelles on peut même ajouter que l'enregistrement n'est pas non plus ici une mesure fiscale, puisque pour les meubles corporels il n'est exigé qu'au-dessous de 150 francs. Et cependant comment accepter cette doctrine en présence de l'article 2074 ? Que fait-on des mots « dûment enregistré ! » La loi répète encore les mêmes termes dans le second alinéa de l'article ; encore dans l'article 2075 ! Il ne faut pas oublier que nous sommes en matière de privilège où le texte de la loi, surtout quand il est aussi formel, est de rigueur. La règle de l'article 1328 eût suffi au législateur, comme aux articles 1420, 1558, 1743, 1750 et 2102 n° 1 du Code civil s'il n'eût pas voulu d'une façon certaine la seule formalité de l'enregistrement (2).

La Cour de cassation qui admet la doctrine que nous combattons en restreint toutefois l'extension aux trois cas de l'article 1328, aussi en ce sens la Cour d'Aix (3) a-t-elle confirmé un jugement décidant que le timbre de la poste ne suffirait pas à fixer au regard des tiers la date d'une lettre missive contenant une constitution de gage ; et c'est avec raison, car on pourrait

(1) M. Paul Pont, *op. cit.*, II, n° 1091. Civ. rejet 18 février 1858.

(2) MM. Aubry et Rau, t. IV, p. 701, note 7 ; — Laurent, t. XXVIII, à l'art. 2074.

(3) Aix, 27 mai 1845, Dal. 1845. 2, 118. — Adde : Montpellier, 4 janv. 1853. Dal. 1854, 2, 172.

ainsi en faisant timbrer des papiers blancs établir ensuite frauduleusement des actes de nantissement antidatés.

A quel moment cette seconde condition de la naissance du privilège doit-elle être accomplie? La loi s'en rapporte à l'intérêt du créancier. Si l'acte n'est pas enregistré ou n'a pas de date certaine, selon l'opinion à laquelle on se range, le créancier ne peut opposer son droit de gage aux tiers. C'est à lui de faire diligence car une saisie-arrêt pratiquée sur la créance engagée, avant l'enregistrement, par un des créanciers du débiteur commun va paralyser son privilège. De même, en cas de faillite, à partir du jugement déclaratif et même à partir de l'époque de cessation des paiements ou dans les dix jours qui précèdent pour une dette antérieurement contractée, l'enregistrement sera sans effet au regard des tiers (1).

C. Détermination de la dette garantie.

L'article 2074 prescrit encore une troisième formalité. L'acte de gage doit contenir « la déclaration de la somme due ainsi « que la nature et l'espèce des choses remises en gage ». Voyons séparément ces deux énonciations :

« La déclaration de la somme due. » Rien ne sera plus facile si la dette est déterminée, mais si la créance est indéterminée comme une créance de dommages-intérêts, une ouverture de crédit ? Il faudra, malgré tout, fixer un chiffre, auquel s'arrêtera la garantie que procure le gage ; c'est au créancier dans son intérêt à établir une évaluation exacte. Si le crédit arrive à dépasser la valeur de la chose engagée, au créancier à demander alors à son débiteur un supplément de gage par un nouveau contrat.

(1) Cass., 11 juin 1846. Dal. 1846, 1, 252.

Aussi est-ce avec raison que M. Laurent (1) soutient que cette énonciation du montant de la créance s'applique à tout contrat de gage, quel que soit le genre de l'obligation principale, et combat un arrêt de la Cour de Gand, arrêt confirmé par la Cour de cassation belge (Gand, 27 juillet 1867 — Rejet 29 mai 1868), qui, se fondant sur ce motif historique que l'ordonnance de 1673 avait seulement prévu le prêt comme obligation principale, en conclut qu'il en est encore ainsi du Code dans les termes duquel ne serait pas comprise une obligation de faire; qu'en conséquence, l'engagement d'un certain nombre d'actions, c'était l'espèce, comme garantie de la gestion du comptable d'une banque, serait parfaitement valable, sans que le banquier eût à évaluer, dans l'acte de nantissement, la créance à laquelle cette gestion pourrait donner lieu. On ferait ainsi vraiment trop peu de cas du texte de la loi, texte formel qui prescrit la détermination de la dette sans distinguer la nature de l'obligation principale.

La même solution doit être appliquée à toute obligation de faire si difficile qu'en soit l'évaluation. Au créancier, du reste, de savoir s'il veut un privilège! Un peintre s'engage à exécuter un tableau, un architecte à dresser un plan, un auteur dramatique à faire une pièce, et, pour garantir au bénéficiaire une exactitude assez rare en pareille matière, le traité conclu entre eux stipule un gage; la valeur de l'œuvre devra être fixée, sous peine qu'il ne naisse aucun privilège au profit du créancier.

D. Description de l'objet engagé.

« La nature et l'espèce des choses remises en gage », telle est la seconde énonciation que demande l'article 2074.

(1) M. Laurent, t. XXVIII, p. 445.

Quand le vœu de la loi sera-t-il rempli? La règle à donner est basée sur le but que se propose la loi: lorsque la chose engagée sera déterminée de telle façon que le débiteur et le créancier gagiste ne pourront, de collusion, y substituer un objet plus précieux, cette énonciation sera suffisante. Un grand nombre de décisions judiciaires ont été rendues sur ce point; presque toutes se rapportent à des meubles corporels, ce qui s'explique par ce motif que le meuble incorporel sera presque toujours, non-seulement énoncé, mais littéralement copié dans l'acte de gage. Cependant, au cas où le gage est donné par lettre, la description en sera souvent succincte; le juge du fait appréciera souverainement en cette matière. Il serait donc prudent de reproduire intégralement le titre, au moins quand il s'agit de créances où la confusion est possible, comme dans celles à forme civile, les actions, les obligations, car on comprend que les mentions principales d'un bail ou d'un brevet d'invention rendront toute erreur impossible. — Quant à l'état des qualités, poids et mesure de la chose donnée en gage qui peut remplacer la description de l'objet dans le contrat, il sera assez rare qu'on ait l'occasion de l'appliquer à des meubles incorporels, mais l'hypothèse pourra se présenter pour de nombreuses valeurs au porteur, par exemple, que le débiteur ne doit remettre au créancier que postérieurement. Cet état étant destiné à remplacer une des clauses constitutives du contrat de gage, en revêtira tous les caractères de certitude; il sera donc dressé en forme authentique ou passé par acte sous signatures privées, et, comme le contrat lui-même, signé du débiteur et du créancier, et enregistré. Si la mention d'enregistrement n'est mise sur cet état que postérieurement à celle du contrat de gage, ce serait du jour seulement où la seconde formalité d'enregistrement s'est produite que daterait le privilège du créancier gagiste.

Ajoutons enfin qu'au cas où la désignation des objets engagés n'est précise que pour partie (ce sont par exemple des obligations de la ville de Paris ou du Crédit Foncier, dont l'année d'émission ou le taux ont été omis, ce qui peut entraîner une confusion avec des valeurs semblables d'une autre émission), pour cette partie seulement le gage sera valable. On ne saurait en contester la validité, comme l'a fait, à tort, un arrêt de la Cour de cassation du 4 mars 1811, en annulant, pour le tout, un contrat de nantissement, pour ce motif que la désignation générale des objets engagés était vague, alors que plusieurs de ces objets étaient très suffisamment déterminés.

L'article 2074 *in fine* indique que ces formalités ne sont prescrites qu'en matière excédant la valeur de cent cinquante francs. Cette restriction ne s'applique pas aux meubles incorporels, dont l'impignoration, si minime que soit leur valeur, doit contenir rigoureusement toutes ces formalités. Pourquoi cette différence? C'est là un point obscur sur lequel les travaux préparatoires ne nous fournissent aucun éclaircissement. Il semble que la loi laisse planer sur toute cette théorie du gage des meubles incorporels un sentiment de méfiance; cette mise en gage des créances sent le contrat pignoratif! Et cependant si la loi a voulu faciliter le gage des meubles corporels quand la valeur, soit de l'objet engagé, soit de la créance garantie, est inférieure à cent cinquante francs, et ne pas lui imposer les formalités coûteuses de l'article 2074, étant donnée la modicité de l'intérêt en jeu, pourquoi ne pas accorder la même faveur aux meubles incorporels!

E. Preuves auxquelles peut donner lieu l'article 2074.

L'article 2074, en énumérant limitativement les deux énonciations que doit contenir l'acte de nantissement, quotité de la dette et description de l'objet engagé, énonciations destinées à prévenir l'augmentation frauduleuse de la dette et la substitution du gage, nous indique que, quant à la forme et au fonds, il s'en rapporte, pour le reste, aux règles du Code sur la preuve littérale. L'écrit sera donc authentique, soit en minute, soit en brevet ou sous-seing privé ; il pourra affecter les formes usitées d'un sous-seing privé ou d'un acte authentique notarié, mais aussi résulter de tout écrit qui constaterait le gage, pourvu qu'il contienne les mentions demandées par la loi. Le contrat de nantissement étant unilatéral, un seul original suffira dans l'acte sous signatures privées. Ces propositions nous amènent à admettre que pareil contrat pourra être contenu dans une simple lettre missive où le débiteur, par exemple, annonce à son créancier que, suivant leurs conventions, il lui adresse ou lui promet tant de titres, de telle nature, pour le garantir d'une créance en date du ..... ou une créance sur telle personne. Le créancier, après avoir fait enregistrer la lettre, possède un acte de gage parfaitement valable.

§ 3. *L'article 2075.*

A. La signification, son but, ses effets. — *B*. L'acceptation du débiteur dans un acte authentique ne peut pas remplacer la signification. — *C*. Effets d'une signification tardive : 1° Tiers qui peuvent se prévaloir du défaut de signification. — 2° Conflit entre un créancier gagiste et deux saisissants, l'un antérieur à la signification, l'autre postérieur. — 3° Signification au cas de faillite du débiteur.

« Le privilège énoncé en l'article précédent ne s'établit sur « les meubles incorporels, tels que les créances mobilières, « que par acte public ou sous-seing privé aussi enregistré, et « signifié au débiteur de la créance donnée en gage. »

Lors de la confection du Code la fortune mobilière n'avait

qu'une importance restreinte ; les formes sous lesquelles elle circule étaient pour la plupart inconnues ; la créance vint forcément à l'esprit du législateur comme exemple à donner d'un meuble incorporel, mais ce n'est qu'un exemple confirmant la partie générale de notre article qui embrasse tous les meubles incorporels. Et c'est à juste titre que la jurisprudence et la doctrine se sont appliquées à faire entrer dans le large cadre de l'article 2074 toutes les valeurs de formation nouvelle. Cependant des doutes se sont élevés sur le point de savoir si certains meubles incorporels étaient compris dans ce texte, doutes que la loi du 23 mai 1863 est venue dissiper complètement en matière commerciale, mais qui subsistent en droit civil.

Rappelons seulement pour mémoire que notre article 2075 ne s'applique pas aux droits immobiliers, mais seulement aux droits mobiliers réels et personnels.

Notre article commence par un rappel des formalités de l'article précédent, formalités déjà étudiées et sur lesquelles nous n'avons pas à revenir. Mais il omet cependant de parler des énonciations concernant le montant de la dette et la description du gage ; nous ne pensons pas toutefois que l'on puisse contester la nécessité de ces formalités dont l'absence faciliterait de nombreuses fraudes. On ne peut donc pas diviser les deux articles comme on le fait souvent (1) et il faut commenter l'article 2075 avec l'article 2074 en y ajoutant la signification demandée par ce premier article.

A. La signification, son but, ses effets.

La formalité spéciale que l'article 2075 prescrit pour les meubles incorporels est la signification, au débiteur de la

(1) MM. Aubry et Rau, t. IV, p. 713, note 12, disent qu'il faut appliquer distributivement ces deux articles, l'un aux meubles corporels. l'autre aux meubles incorporels.

créance mise en gage, de la convention intervenue entre les parties contractantes. Le but que se propose la loi est double. Il est parfaitement atteint en ce qu'elle lie au contrat le débiteur de la créance engagée. Il y a entre cette situation et celle du débiteur cédé dans la vente des créances une analogie qui a fait appliquer au législateur les mêmes règles au transport-cession et au transport-nantissement ; le gage conduit, du reste, à une cession éventuelle. A partir de cette signification qui opère comme une saisie-arrêt, mais en donnant, en outre, un privilège au créancier, le débiteur de la créance engagée ne pourra plus payer entre les mains de son créancier au préjudice du créancier gagiste ni opposer à ce dernier la compensation. De là résulte implicitement pour lui l'obligation de conserver l'objet de la créance engagée destiné à désintéresser le gagiste. Mais il faut bien concilier cette solution avec l'intérêt du débiteur ; la créance engagée peut être exigible avant celle qu'elle garantit ? ou bien le créancier gagiste et le débiteur ne sont pas d'accord sur l'échéance de la dette ou sa quotité ; le débiteur de la créance engagée n'aura alors qu'à déposer à la caisse des Dépôts et Consignations ; il sera ainsi valablement libéré. La situation inverse se présentera aussi fréquemment : la dette principale vient à échéance avant celle engagée. Le gagiste conservera la créance si le débiteur du gage marche à l'insolvabilité et que le constituant reste inactif, ce sera au gagiste diligent à prendre toutes mesures conservatoires nécessaires.

Ainsi cette signification rend le débiteur du gage comme partie au contrat, mais elle met encore les tiers dans une situation presque analogue ; le gagiste possède, de ce moment, un privilège qui lui permettra d'opposer son droit à un second cessionnaire, ou à un second créancier gagiste de la même créance, ainsi qu'à tous les créanciers du cédant. Il semble exorbitant qu'un tel droit puisse être créé par convention, au détriment de tous les créanciers ; les privilèges ordinaires produisent, il est vrai, le même effet, mais on peut toujours en prévoir l'existence à cause de la nature des créances qu'ils conservent. Cependant le privilège du gagiste se justifie par ce motif que le créancier a augmenté le patrimoine du débiteur et a peut-être ainsi permis à ce dernier de revenir à meilleure fortune, ce dont profitent les autres créanciers.

Le second but que le législateur a assigné à la signification consiste à avertir les tiers du contrat intervenu entre les parties. La signification est donc un moyen de publicité. Les créanciers du débiteur commun sauront que le patrimoine de celui-ci est diminué d'un meuble incorporel sur lequel ils ne peuvent plus compter.

La signification est la seule des formalités de l'impignoration d'une créance qui puisse atteindre ce résultat de donner une publicité au contrat de gage. Qui ferait connaître autrement l'écrit soit authentique, soit sous-seing privé ? le notaire, l'officier public n'ont ni mission, ni pouvoir pour publier les actes qu'ils dressent. D'autre part l'intérêt même des parties contractantes les oblige à ne pas révéler l'acte sous-seing privé ; le crédit du débiteur en serait diminué, ce que doivent éviter les deux parties, et, de plus, la délicatesse oblige le créancier à la discrétion. Le receveur de l'enregistrement n'est pas chargé non plus de tenir le public au courant des mentions dont il revêt les actes. Seule donc la signification est destinée à remplacer la publicité que le registre des conservateurs donne aux hypothèques, mais on peut avancer sans hésitation qu'elle remplit au plus mal le désir du législateur. En admettant, au mieux, que les tiers connaissent la créance que possède le constituant, comment sauront-ils qu'elle est sortie de ses mains ; il se gardera bien de le proclamer. En général les tiers ne connaîtront même pas l'existence de cette créance, de sorte que toute l'opération du gage se passera dans le plus grand secret. La discrétion du gagiste est d'autant mieux assurée qu'il n'y a rien à craindre dorénavant; quant au débiteur de la créance engagée, le seul qui puisse faire connaître la signification, son intérêt comme celui du constituant lui commande de garder le secret et de ne pas proclamer sa dette. Que reste-t-il donc de cette publicité dont la signification doit être, après la mise en possession tout aussi inefficace, du reste, le principal moyen? Toutes ces opérations de crédit se dissimulent autant que possible, et à moins que la loi ne crée une publicité sérieuse, comme celle des hypothèques, les formalités du gage ne serviront de rien pour apprendre aux tiers les mouvements qui se produisent dans la fortune de leur débiteur.

B. L'acceptation du débiteur dans un acte authentique peut-elle remplacer la signification ?

La raison que nous venons de mettre en vue sur la faible importance de la signification comme moyen de publicité nous amènerait volontiers à conclure que tout acte équivalent à cette formalité peut lui être substitué. Cependant malgré l'autorité des auteurs qui, pour ce motif entre autres, que nous allons parcourir, permettent de remplacer la signification par l'acceptation du débiteur dans un acte authentique, nous nous rangerons à la doctrine qui s'en tient strictement au texte de l'article 2075. Nous avons déjà signalé la corrélation qui existe entre le transport-cession et le transport-nantissement des créances ; ce rapport a frappé certains auteurs au point qu'ils ont voulu assimiler l'un à l'autre les deux contrats (1). Dans la cession il y a aliénation ; dans le

(1) Dalloz, année 1868, 1, 125 à la note.

gage, dit-on, n'y a-t-il pas de même aliénation éventuelle! Pourquoi alors ne pas permettre, dans les deux cas, la même formalité quand surtout elle a le même but et le même résultat. C'est l'intérêt du créancier qui commande cette solution, sans porter aucun préjudice au débiteur. Celui-ci ne pourra plus en effet, après l'acceptation qu'il aura faite du créancier dans un acte authentique, opposer à ce dernier la compensation même pour le temps antérieur à son acceptation. N'est-ce donc pas le vœu de la loi d'accorder au créancier gagiste la plus grande garantie possible? Enfin, ajoute-t-on, quand une loi entendue à la lettre présente un sens d'une rigueur que rien n'explique, ni ne justifie, pourquoi ne pas l'étendre dans une mesure raisonnable (1) ? Ces arguments d'un très grand poids seraient décisifs, s'il s'agissait d'une matière où l'interprète conservât toute sa liberté d'action, mais quand on commente une loi créant un privilège, loi que le législateur a eu soin de hérisser de difficultés, il n'y a qu'à s'incliner devant le texte. Les mêmes principes nous ont amené dans la question d'enregistrement à une solution de même nature (2).

Il ne saurait être douteux par exemple dans le système qui autorise la substitution de l'acceptation à la signification, que cette acceptation doive au moins rigoureusement être authentique. En ce sens il a été jugé qu'était nulle l'acceptation consentie par le débiteur dans un acte sous-seing privé.

(1) En ce sens : MM. Aubry et Rau, t. IV, *Nantissement*. Paul Pont, *Petits Contrats*, II, n° 1106. Dalloz, volume 1870, 1, 81, à la note 1.

(2) Arrêt de la Chambre des Requêtes du 11 août 1869. *J. Pal.* 1869, 2048. — Laurent, t. XXVIII, n° 464. — M. Lyon, Caen, dans une note sous un arrêt du 18 août 1881, Sirey 82, 2, 25.

C. Effets d'une signification tardive.

Le créancier a le plus grand intérêt à faire diligence pour remplir la formalité de la signification, car c'est à partir de cette signification, dont l'exploit de l'huissier fournira la preuve et la date, que naîtra le privilège du gagiste. Jusque-là les tiers ne sont pas saisis et les droits qu'ils acquerront régulièrement sur le gage seront valables.

I. — *Tiers qui peuvent se prévaloir du défaut de signification.*

Ces tiers sont tous ceux qui n'ont pas été parties au transport-nantissement et qui ont sur la chose des droits que ce transport peut compromettre.

1° Vient, en première ligne, le débiteur de la créance engagée qui se trouve ici dans une situation équivalente à celle du débiteur cédé dans le transport-cession. Ce débiteur n'est pas intervenu à l'acte de gage, et nous croyons même qu'il n'y peut intervenir puisque pour nous l'acceptation qu'il donnerait au nantissement de sa dette serait inutile. Jusqu'à la signification ce débiteur est donc un tiers, le créancier gagiste ne peut lui opposer son contrat et le paiement qu'il ferait aux mains du constituant serait parfaitement régulier. Si le débiteur est devenu créancier du constituant la compensation produira ses effets même après la constitution du gage, pourvu que le fait qui y donne naissance soit antérieur à la signification. Dans l'opinion que nous repoussons l'acceptation a un effet d'une plus grande portée puisqu'elle paralyse toute compensation même celle antérieure au nantissement; de plus il y a lieu, dans ce système, d'admettre par analogie de l'article 1691, qui règle les rapports entre le cédé et le cessionnaire, que toute acceptation, même verbale, même tacite, suffit pour que le créancier gagiste soit saisi et que le débiteur ne puisse lui opposer les exceptions dont il peut se servir à l'encontre du constituant. Cette acceptation implique, en effet, de la part du débiteur une reconnaissance du créancier gagiste pour créancier éventuel.

L'usage constant ayant toujours fait admettre que les quittances peuvent toujours être opposées par un débiteur, quoiqu'elles n'aient pas date certaine, on décidera donc qu'avant la signification ou l'acceptation toute quittance émanant du constituant pourra servir au débiteur à prouver sa libération, sauf au gagiste à établir l'antidate de la quittance ou le paiement fictif. Le débiteur peut encore opposer au créancier toute autre cause d'extinction de sa dette qui se serait produite avant la signification ; ainsi pourrait-il invoquer l'exception de la chose jugée si un jugement rendu avant cette époque avait déclaré sa libération.

2° Tout cessionnaire de la créance est encore un tiers vis-à-vis du créancier gagiste, et, pourvu qu'il fasse, le premier, signifier la cession qui lui a été consentie, l'acte de transport fût-il postérieur en date au contrat de gage, le gagiste lui-même fût-il en possession, il sera préféré au créancier gagiste.

3° De deux créanciers obtenant successivement du constituant un droit de gage sur une créance, celui qui sera préféré est aussi celui qui, le premier, aura accompli la signification. Toutefois, dans une opinion que nous discuterons plus loin, il faudrait savoir si le créancier qui n'a pas fait de signification n'est pas en possession du gage, car en pareil cas il aurait un droit de rétention au moyen duquel il s'opposerait à la remise de la chose engagée au créancier qui a signifié. Si les deux créanciers gagistes signifiaient le même jour leur contrat au débiteur, pas de doute que celui qui s'est fait mettre en possession n'ait le droit de conserver le gage.

4° Les créanciers simplement chirographaires du débiteur principal sont encore des tiers dès qu'ils exercent leurs droits, car le transport en nantissement diminue leur droit de gage général sur l'ensemble des biens du débiteur. (Article 2093 du Code civil.)

Il semble cependant que ces créanciers qui ne sont que des ayants cause à titre universel de leur débiteur soient obligés de respecter tous les actes faits par lui. Cette idée est exacte tant qu'ils suivent la foi de leur débiteur, mais ils deviennent des tiers à partir du moment où ils réalisent leur droit de gage général, soit en usant du bénéfice que leur confère l'article 1166, soit en pratiquant une saisie-arrêt sur les créances qui sont dans les biens de leur débiteur. Pothier enseignait déjà cette doctrine sur l'article 108 de la Coutume de Paris, portant que « simple transport d'une créance ne saisit point, il faut « signifier le transport à la partie et en bailler copie aupara- « ravant que d'exécuter ». C'est cette doctrine que nous appliquerons ici par analogie de l'article 1690 du Code civil, où elle a été transportée.

Tels sont les tiers qui ont le droit de méconnaître le contrat de gage, sous les conditions indiquées. Il est facile de se figurer d'autres hypothèses où les tiers ont intérêt à contester la mise en gage d'une créance; ainsi un débiteur du débiteur de la créance engagée, entre les mains duquel le gagiste pratique par mesure conservatoire une saisie-arrêt, ne saurait exciper de ce que la signification n'a pas eu lieu, car cette formalité n'est pour lui d'aucune utilité puisqu'elle n'eût point changé sa situation de débiteur du débiteur de la créance engagée, et peu lui importe que ce soit le créancier primitif de celui-ci ou le créancier gagiste qui vienne lui réclamer sa dette. On peut donc comparer ces « tiers », pris dans une acception un peu restreinte, à ceux auxquels la loi du 23 mars 1855 donne le droit d'opposer le défaut de transcription; la loi de 1855 veut qu'ils aient des droits sur l'immeuble et que ces droits soient conservés conformément aux lois (article 3 de cette loi); dans notre matière ces tiers devront de même avoir sur la créance des droits conservés conformément aux lois (1).

Le débiteur même de la créance engagée cesse d'être un tiers lorsque le créancier gagiste, non payé à l'échéance de l'obligation principale, aura fait ordonner par justice que cette créance lui restera en paiement jusqu'à due concurrence, et exercera des poursuites contre ce débiteur. Il ne pourra plus repousser la demande en condamnation, sous prétexte que la signification ne lui a pas été faite, car pourquoi voudrait-il payer à un créancier plutôt qu'à un autre; il ne pourra qu'obliger le créancier à produire le contrat de gage justifiant sa poursuite (2).

Nous avons déjà vu, à propos de la simple convention de gage que, si le créancier gagiste se fait, sans fraude, de convention entre le débiteur principal, rembourser par le débiteur de la créance engagée, et cela en dehors de toute signification et même des autres formalités des articles 2074 et 2075, mais avant que des « tiers » soient intervenus par une main-mise sur la créance, cette opération sera inattaquable, et les deux créances principales et accessoires seront éteintes (3).

II. — *Conflit entre un créancier gagiste et un créancier saisissant.*

Si nous supposons d'abord que la saisie-arrêt ne vient frapper la créance qu'après l'accomplissement de la signification

(1) M. Colmet de Santerre, t. VII, n° 137 *bis*.
(2) MM. Aubry et Rau, t. IV, p. 434 au texte et note 38.
(3) MM. Aubry et Rau, t. III, p. 434, donnent cette solution pour une cession de créances; nous en tirons par analogie la proposition émise au texte.

par le gagiste, pas de conflit possible; la saisie-arrêt ne porte alors aucune atteinte au droit privilégié du créancier gagiste nanti.

Si la saisie se produit à un moment où le contrat de gage est dressé, mais avant la signification, elle n'aura pas pour effet d'anéantir le contrat, si le créancier le fait plus tard signifier. Le gagiste est au moins créancier du débiteur principal au même titre que tous les autres créanciers, et on admet que « signification vaut opposition ». Il sera donc lui-même traité comme un saisissant, et gagiste et saisissant se feront payer sur la créance, proportionnellement à ce qui est dû à chacun d'eux, car il est de règle dans notre droit que l'ordre des saisies n'engendre aucune cause de préférence en faveur du premier saisissant.

III. — *Conflit entre un créancier gagiste et deux créanciers saisissants, l'un antérieur à la signification, l'autre postérieur.*

La situation se complique et il est nécessaire de préciser l'hypothèse. Pour garantir une obligation principale une créance est mise en gage ; mais une saisie-arrêt a déjà frappé la créance lorsque le gagiste fait signifier son contrat, puis postérieurement à la signification survient une nouvelle saisie-arrêt ; le gagiste est comme pris entre deux feux.

Le droit du gagiste est opposable au deuxième saisissant, mais non au premier. De ces trois créanciers, qui l'emportera? Pour résoudre le problème il faudrait concilier trois idées inconciliables :

a. La première c'est qu'en droit une saisie-arrêt ne frappe une créance d'indisponibilité que jusqu'à concurrence des causes de la saisie, d'où cette conséquence que, nonobstant une saisie, la cession de la créance, par suite son engagement restent possibles. Cela résulte des articles 559, 573 et 622 du Code de procédure civile. Le gage sera efficace en pareil cas pour l'excédant de la créance que la saisie ne touche pas. La saisie ne rend nulle que la partie du gage qui empiéterait sur les causes de la saisie; il faut entendre par là que, dans l'hypothèse où la vente du gage serait poursuivie à la requête du saisissant, aux termes de l'article 622 du Code de procédure civile, la vente ne porterait que sur la portion du gage saisie-arrêtée « suffisante à fournir la somme nécessaire pour le paie-« ment des causes de la saisie ». On appliquerait encore cette règle si plusieurs créances avaient été engagées; et au cas où une seule créance serait engagée, comme la vente pour partie n'y serait pas possible, la créance entière serait aliénée, mais l'excédant du prix, le saisissant désintéressé, servirait à payer le gagiste. Si l'obligation principale était échue le créancier serait remboursé de suite; si l'obligation principale n'échéait qu'ultérieurement, cet excédant serait déposé à la Caisse des dépôts et consignations.

b. La seconde c'est que tous les saisissants, quelle que soit la date de leur saisie, viendront au marc le franc, la priorité des poursuites n'engendrant dans notre droit aucune préférence au profit du créancier qui les a exercées.

c. La troisième vient de ce que l'un des saisissants, le premier, a un droit opposable au créancier gagiste alors que le droit du second saisissant ne peut lui être opposé.

Or ces trois idées qui devraient se combiner dans la solution de notre hypothèse sont inconciliables.

Mettons-les en jeu dans les systèmes qui ont été proposés :

Dans un premier système radical on admet que la seconde saisie ayant été tardive est sans aucun effet à l'égard du gagiste et du saisissant antérieur (1). Cette solution est généralement repoussée comme contraire à la règle « main de justice ne « dessaisit et ne saisit personne », et comme tendant à faire revivre un droit de préférence incompatible avec l'article 2093. Pour soutenir ce système on fait valoir les considérations suivantes : c'est une erreur, dit-on, de reprocher à cette solution qu'elle donne au premier saisissant un privilège contraire à l'article 2093, car il ne fait pas valoir, à proprement parler, une cause de préférence. La créance est sortie du patrimoine du débiteur commun, par suite elle ne peut plus être le gage des créanciers du constituant ; le premier saisissant invoque donc seulement que le gagiste ne peut lui opposer le nantissement, et ce dernier invoque à son tour qu'il peut l'opposer au saisissant postérieur. Le raisonnement est ingénieux, mais en fin de compte il crée une situation exceptionnelle à l'un des saisissants, alors qu'il est de principe absolu que tous sont appelés à la répartition de la créance saisie-arrêtée par l'un d'eux au prorata de leurs dettes.

Dans un second système on place sur la même ligne le créancier gagiste et les saisissants antérieurs et postérieurs à la signification, considérant que cette signification opère seulement comme une véritable opposition (2). Mais ici le droit du créancier gagiste est sacrifié au bénéfice du saisissant postérieur, ce qui est inadmissible, puisque la signification a pour effet de saisir le gagiste à l'encontre de ce dernier saisissant qui ne peut par suite être dans la même situation que le créancier et le premier saisissant (3).

(1) En ce sens : MM. Duranton, XVI, 501 ; Troplong, II, 927 ; Dalloz, *Rep. saisie-arrêt*, n° 429 et note. — Cass., 25 avril, 1869. *J. Pal.*, 1869, 1093. — Colmet de Santerre, *op. cit.*, p. 191, n° 136.

(2) Paris, 20 mars 1820. Sirey, 1823, 2, 47.

(3) Cass., 25 août 1869. Sir. 69, 1, 424. *J. Pal.*, 1869, 1093 et la note.

Dans un troisième système on décide que la saisie antérieure étant opposable au créancier gagiste, le deuxième saisissant, dont la saisie-arrêt faite par le premier a conservé le droit, concourra avec celui-ci sur la somme saisie-arrêtée. Mais alors le premier saisissant souffrira du nantissement qui cependant ne lui est pas opposable.

Enfin dans un autre système, et il en est encore de nombreux que nous passons, suivi celui-là par la jurisprudence depuis quelque temps et qui semble devoir l'emporter, le conflit serait ainsi réglé : Le saisissant postérieur concourt avec le premier ; ils partagent la somme saisie-arrêtée par celui-ci proportionnellement à leurs créances, mais, afin de corriger ce qu'il y a d'injuste dans cette répartition, le premier saisissant se retournera contre le créancier gagiste pour se faire rembourser ce que lui enlève le concours du deuxième saisissant. MM. Aubry et Rau qui adoptent cette opinion la justifient « par le double « motif que la signification du transport-cession (ou transport-« gage) opère saisine au regard des saisissants postérieurs et « ne vaut que comme simple opposition vis-à-vis du premier « saisissant : d'autre part, par la considération que si celui-ci « ne jouit d'aucun droit de préférence, dans ses rapports avec « les derniers saisissants, il doit en ce qui concerne le cession-« naire obtenir tout ce que lui aurait donné une répartition au « marc le franc de la créance entière » (1). Cette opinion tend à concilier l'équité avec les principes, et les saisissants n'y contrediront pas, mais le créancier gagiste y paiera en somme pour tout le monde.

Nous ne voyons d'autre solution à cette controverse que celle proposée à son cours par M. Beaudant : « c'est une question qui n'est susceptible d'être tranchée que par une loi. »

(1) MM. Aubry et Rau, t. IV, 436, note 44. Paris, 26 juillet 1843. Sir. 1843, 2, 523. Riom, 23 janv. 1862. Sir. 1862, 2, 530.

IV. — *Signification en cas de faillite du débiteur.*

Une difficulté voisine de la précédente peut s'élever en cas de faillite du constituant lorsque la signification est faite tardivement.

Etablissons une première hypothèse pour bien dégager celle où la difficulté se présente.

Supposons d'abord une créance donnée en gage par le failli au temps où il est encore solvable, puis que le jugement déclaratif soit prononcé avant la signification du transport-nantissement. Les créanciers de la faillite pourront, sans nul doute, arguer en pareil cas du défaut de signification, car les effets produits par une saisie-arrêt résulteront à plus forte raison du jugement déclaratif qui, enlevant au failli l'administration de ses biens, met le débiteur de la créance dans l'impossibilité de payer entre les mains de ce dernier (article 443 du Code de commerce) (1). Or le transport en gage a pour but de conférer éventuellement au créancier gagiste le droit de se faire désintéresser au moyen de cette créance. Le jugement déclaratif opérera donc comme une saisie-arrêt qui frapperait la créance entière d'indisponibilité, les causes de la saisie étant égales ou supérieures au montant de la créance.

Mais changeons un peu la donnée et supposons que la créance a été engagée à une époque où le failli était parfaitement solvable, mais que la signification n'en a eu lieu qu'après la cessation des paiements. Va-t-elle rester sans effet à l'endroit des tiers, ici les créanciers de la masse? On l'a soutenu (2) en invoquant l'article 446 du Code de commerce, mais à tort, car il ne prévoit que le cas où le contrat de gage tout entier est

(1) Cass. 26 juillet 1863. Dal. 1863, 1, 47. M. Boistel, *Droit Commercial*, page 653.

(2) Troplong, n° 274 ; Montpellier 13 janvier 1845 ; Dalloz, 1845, 2, 122.

conclu dans la période suspecte pour garantir une dette antérieurement contractée et ne vise pas du tout notre hypothèse. Nous supposons, en effet, que le contrat de gage est conclu en même temps que l'obligation qu'il garantit, ou même postérieurement à cette obligation, mais avant la période suspecte; ce n'est que la signification de la créance engagée qui a lieu seulement après la cessation des paiements. M. Troplong et avec lui M. Massé qui a embrassé cette opinion, pour soutenir l'inefficacité de la signification partent de ce principe : « que la « faillite, c'est la cessation des paiements, et que cette cessa- « tion des paiements est indépendante du jugement déclaratif « de faillite auquel elle peut être de beaucoup antérieure. Que « la faillite mettant arrêt sur les biens du débiteur et paraly- « sant tout mouvement ultérieur qui tendrait à changer leur « situation... » la signification devient intempestive et sans effet du jour de la cessation des paiements, qu'en conséquence le créancier n'est pas nanti et ne saurait invoquer son privilège..... L'argumentation de ces auteurs est défectueuse en ce qu'elle assimile deux états tout à fait distincts dans la marche de la faillite. Pendant la cessation des paiements le failli n'est pas dessaisi de l'administration de ses biens, comme l'implique l'article 443 du Code de commerce; il lui est permis de conférer à un créancier un droit de gage ou d'hypothèque pourvu que la garantie soit concomitante avec la naissance de la dette principale : 446 Code com. La fraude que veut empêcher cet article et qui consisterait à favoriser un créancier au détriment de la masse n'est pas à craindre dans ce cas puisque le créancier n'a traité avec le failli qu'à condition d'avoir une sûreté ; peut-être a-t-il voulu aider le failli, le sauver d'une situation qui ne lui paraissait que compromise et non désespérée (1). Dans

(1) Cass. 24 juin 1868, *J. Pal.* 1868, 939 et la note.

l'opinion de MM. Troplong et Massé, on arrive à ce singulier résultat que le failli peut, dans la période suspecte, contracter une dette qu'il garantira valablement par un gage, alors que cette même dette contractée et garantie par un gage avant cette période, mais non signifiée, sera privée de cette sûreté. Et cependant dans les deux hypothèses aucune idée de fraude ne saurait être objectée. La loi elle-même ne nous fournit-elle pas un argument d'analogie, en permettant pendant cette période de cessation des paiements, dans l'article 446 du Code de commerce, l'inscription d'un privilège ou d'une hypothèque valablement acquis ?

En adoptant le système que nous avons développé, nous suivons la doctrine générale des auteurs (1) et de la jurisprudence (2), mais celle-ci applique à notre sujet l'article 447 du Code de commerce et décide que le nantissement ne sera pas nécessaire, mais pourra être être annulé si le créancier gagiste connaissait la cessation des paiements au moment de la signification. C'est, il nous semble, étendre, à tort, la portée de l'article 447, car la signification n'est pas, à proprement parler, un acte à titre onéreux ; de plus l'accomplissement de cette formalité, pour être une diligence de la part du gagiste, n'implique aucune idée de fraude. Du reste, la jurisprudence, en admettant ce principe que la signification peut avoir lieu dans la période suspecte, arriverait à ne jamais permettre de l'appliquer, car il ne faut pas se dissimuler que si le créancier s'empresse de faire la signification, c'est parce qu'il connaît la cessation des paiements. Pourquoi la jurisprudence résisterait-elle à cette solution quand elle permet bien après la cessation

(1) MM. Aubry et Rau, t. III, 516, note 14, Renouard, faillite, I, 362. Pont, II, 1112.
(2) Cass. 19 juin 1848, *J. Pal.* 1849, p. 505.

des paiements de constituer un gage promis antérieurement par simple convention (1) ?

Nous écarterons de notre hypothèse la disposition de l'article 447 pour n'appliquer que les principes généraux de l'article 2167 du Code civil ; il sera donc nécessaire, pour que le juge prononce la nullité du gage, qu'il trouve un préjudice incombant aux tiers, une intention frauduleuse du débiteur et la collusion du créancier. On observera même que le juge, dans l'application de l'article 1167, ne prendra en considération qu'avec une extrême prudence ce fait que le gagiste a connu la cessation des paiements. Cet état du failli ne résulte pas d'un acte isolé, il n'est le plus souvent connu d'une manière certaine que par le jugement déclaratif. En pratique la renommée apprend au créancier que son débiteur est gêné, ne paie pas régulièrement à l'échéance ; il s'empressera, s'il a en main un gage, d'assurer son privilège. Comment voir les éléments d'une fraude dans cet acte de prévoyance ?

L'article 448 du Code de commerce ne paraît pas applicable au nantissement, et la signification pourrait avoir lieu, le gage fût-il constitué depuis plus de quinze jours (2). Nous sommes, en effet, en matière du privilège et on ne saurait étendre par analogie un article à une hypothèse qu'il ne prévoit pas.

Les dispositions des articles 446 et 447 du Code de commerce ne reçoivent leur application qu'à la suite d'une faillite ; aussi à toute époque un gage peut-il être donné par un déconfit pour sûreté d'une dette préexistante, même après un jugement qui aurait, sur la poursuite de créanciers, déclaré l'état de déconfiture du débiteur en lui retirant le bénéfice du terme. Un contrat de gage consenti en pareil cas ne pourrait être attaqué

(1) Toulouse, 25 mars 1874, Dal. 1876, 1, 318. — M. Boistel, *op. cit.*, p. 686.

(2) M. Boistel. *op. cit.* p. 674. — Contrà, M. Pont. II, n° 1112.

par les créanciers qu'en vertu de l'article 1167 qu'ils arriveront bien difficilement à faire appliquer, la loi laissant à chacun dans la déconfiture le soin d'exercer toutes les diligences nécessaires pour arriver à un paiement de sa créance.

§ 4. *Meubles incorporels dont l'engagement est exempté de la signification de l'article 2075 ou pour l'engagement desquels la signification est contestée.*

A. Brevets d'invention. — *B*. Usufruit mobilier. — *C*. Obligation civile avec clause à ordre. — *D*. Titres nominatifs. — *E*. Titres au porteur.

Nous sommes ici en matière purement civile et nous n'avons qu'à interpréter la loi civile, telle que le Code la formule à l'article 2075 combiné avec les principes généraux. La remarque est importante, car la loi du 23 mai 1863 ayant apporté d'heureuses modifications au gage commercial, on a voulu l'introduire dans le droit civil au moins pour certains meubles incorporels, tels que les titres nominatifs, à ordre ou au porteur, qui, bien qu'ils puissent constater un engagement civil, servent plus particulièrement au mouvement des affaires commerciales. Cette commercialisation (le néologisme est presque consacré, car il a été répété à plusieurs reprises dans la discussion, au Sénat, du projet de loi sur le Crédit agricole) du gage civil est poursuivi depuis longtemps par des jurisconsultes et surtout des économistes ; elle paraît même en faveur, puisque, proposée par le Ministre de l'agriculture pour les engagements souscrits par des agriculteurs, elle a été étendue par la commission du projet de loi au gage civil tout entier. Nous reviendrons sur ce point dans la conclusion de ce travail. Pour le moment nous ne voulons que signaler une tendance que nous combattrons, avec laquelle la jurisprudence en arrive à transformer la loi civile en loi commerciale. Nous écarterons donc complètement en notre matière la loi du 23 mai 1863, et si nous invoquons parfois la parole autorisée des auteurs de cette loi lorsqu'ils ont fait allusion au droit civil, ce ne sera jamais qu'en lui accordant la valeur d'une opinion personnelle.

Les formalités de l'article 1690 ont été, nous l'avons vu, transportées par le législateur de la cession à l'impignoration des créances mobilières ordinaires, mais il est d'autres créances auxquelles la disposition de l'article 1690 n'est plus applicable quand il s'agit de les céder, comment alors les donner en gages? Dans la généralité de ses termes l'article 2075 comprend tous les meubles incorporels, créances, rentes sur l'Etat, actions et obligations dans les Compagnies de commerce, de finance et d'industrie ; les créances mobilières n'y sont indiquées qu'*exempli causa*, aussi ne fait-il aucun doute que les droits réels mobiliers puissent être engagés au même titre que les droits personnels.

De cette proposition une difficulté surgit immédiatement. Dans ces droits réels la signification devient impossible puisqu'il n'existe pas de débiteur. Va-t-on en conclure que le créancier n'aura pas de privilège ? la rigueur des principes amènerait à cette solution déplorable qu'on a repoussée. Vouloir, du reste, appliquer strictement l'article 2075, c'eût été en rendre bien souvent l'application impossible, car les droits réels et personnels qui résistent à toute signification sont aussi nombreux, sinon plus, que ceux auxquels on peut appliquer cette formalité.

A. Brevets d'invention.

La doctrine et la jurisprudence s'accordent à permettre l'engagement de ce droit réel, quoique, faute de debiteur la signification en soit impossible (1). La Cour de Paris, dans un arrêt très bien motivé a décidé que l'impignoration d'un brevet d'invention était valable en observant seulement les formalités de l'article 2074 et à repousser avec raison le motif sur lequel on voulait en fondre la nullité, à savoir que la signification aurait dû être remplacée par l'enregistrement à la préfecture, ainsi que le demande la loi du 5 juillet 1884, article 20, pour la cession totale ou partielle du brevet.

On a soutenu depuis lors, de nouveau, que cette disposition devait être étendue, en effet, du transport-cession au transport-nantissement. Cette opinion ne nous semble pas commandée par le texte de la loi de 1844 ; elle réclame, il est vrai, l'enregistrement pour tous actes emportant « cession de brevet », mais on ne saurait assimiler le nantissement à la cession. L'engagement du brevet n'emporte aucune mutation, puisque la propriété du brevet continue à résider sur la tête du breveté qui seul possède le droit d'en disposer. Cela est si vrai que le créancier gagiste commettrait une contrefaçon s'il se permettait de l'exploiter, ainsi qu'il résulte de la combinaison de la loi du 5 juillet 1844 avec l'article 2078 du Code civil. Dans le système que nous combattons, le gage serait nul, faute d'enregistrement à la préfecture, comme serait nulle la cession accomplie sans cette formalité ; on crée ainsi une nullité par voie d'analogie ce que n'autorise jamais notre droit. Puis

(1) Paris 29 août 1865 ; Sir. 66, 2, 24 et la note. MM. Aubry et Rau, tome IV, page 705. Paul Pont, *op, cit.* n° 1107. Laurent, tome XXVIII, page 458.

encore est-ce un reproche bien fondé que l'on adresse au système de la jurisprudence en l'accusant de laisser place à une fraude qui consisterait en un second engagement ou en une cession postérieure par le débiteur, titulaire du brevet? La remise, aux mains du gagiste, du titre constatant la prise de brevet ne paralysera-t-elle pas tout mouvement ultérieur de ce droit. La critique porte juste, en revanche, sur le manque de publicité, dans notre système, mais c'est toujours la même critique qu'il est possible de soulever pour l'engagement de tout meuble incorporel. En résumé, prenant aux règles du gage toutes les formalités que l'on peut appliquer à ce droit, écartant la signification parce qu'elle est impossible, nous admettons que le brevet d'invention est susceptible de mise en gage.

Il faut reconnaître du reste que le législateur aurait pu combler facilement la lacune que nous venons de signaler au sujet de la publicité de l'engagement d'un brevet d'invention. Cela est d'autant plus regrettable que, pour ce meuble corporel au moins, la publicité eût été assurée et par les renseignements que les tiers peuvent obtenir au secrétariat de la préfecture et par la publication que le Bulletin des lois fait, chaque trimestre, de toutes les mutations que le brevet a subies pendant cet espace de temps (articles 14 et 21 de la loi du 5 juillet 1844).

B. Usufruit.

La controverse qui précède, ne peut plus être soulevée à l'égard d'un autre droit réel, l'usufruit mobilier, puisqu'il n'existe, pour la transmission de ce droit, aucune formalité dont on puisse, par analogie, transporter les formes à la mise en gage. Or comme ce droit, d'une part, est certainement compris dans les termes généraux de l'article 2075 et que, d'autre part, il peut être un moyen sérieux de crédit pour un débiteur gêné, il serait d'une rigueur injustifiable d'en repousser le nantissement par le seul motif que la signification n'y est pas possible. Ces raisons ont amené la doctrine et la jurisprudence à permettre l'impignoration de l'usufruit mobilier avec les seules formalités de l'article 2074.

Droits personnels. — Si nous abandonnons les droits réels mobiliers pour passer aux droits personnels, des difficultés nombreuses se présentent encore que nous allons parcourir.

La multiplicité des opérations commerciales a suggéré l'idée de créances d'une circulation facile et d'une transmission simple, titres à ordre et au porteur; puis, les opérations civiles ayant pris une grande extension après la confection du Code, on a emprunté ses procédés à la pratique commerciale et copié la forme de ses valeurs. La clause à ordre notamment est d'un usage très répandu, depuis longtemps, dans les créances civiles.

C. Obligation civile avec clause à ordre.

Une obligation civile contient la clause à ordre, peu importe même qu'elle ne réunisse pas toutes les conditions que les articles 110 et 188 du Code de commerce imposent à cette sorte de valeur, la jurisprudence la plus récente et la majorité des auteurs admettent qu'elle peut être transmise, même vis-à-vis des tiers, par un simple endossement (1). Cet endos sera-t-il encore suffisant pour la mise en gage de cette obligation? Beaucoup pensent que si l'endossement suffit à transmettre la propriété complète il peut, à fortiori, servir à une mise en gage et que l'acte écrit qui constate le nantissement et la signification seraient, en pareil cas, des formalités superflues (2). Cela

(1) Cass. 7 mai 1879, *J. Pal.* 1879, 1087 et la note — Adde: cass. 8 mai 1878, *J. Pal.* 1878, 743 et les renvois.

(2) MM. Aubry et Rau, tome IV, page 707. M. Massé, VI, 521. Troplong nº 283. Amiens, 2 mars 1861. Sir. 1861, 2, 158.

résulte dans cette opinion de la combinaison de l'article 136 du Code de commerce et de l'article 2084 du Code civil.

Ce raisonnement contient, à notre sens, une double inexactitude ; et d'abord, l'article 2084 ne peut trouver ici son application car il n'excepte des règles du Code civil sur le gage que les matières commerciales et il n'a jamais été soutenu que la clause à ordre appliquée à une obligation civile suffisait à elle seule à en changer la nature. D'autre part, on ne saurait, par analogie, étendre les exceptions de la cession à l'impignoration des créances. Le gage se prête facilement à la fraude, aussi le législateur l'a-t-il entouré de formalités rigoureuses qui, à moins d'impossibilité absolue, doivent toujours être strictement observées. N'est-ce pas ouvrir la voie à des procès sans nombre que permette la mise en gage par simple endossement ? le créancier de mauvaise foi soutiendra, avec toutes les apparences de la vérité, qu'il est plein propriétaire du titre passé à son ordre. Ce ne sera plus, dit-on, qu'une question de preuve ; mais cette question n'est-elle pas fort importante, et seule, elle suffirait à nous faire décider, en dehors des principes qui commandent notre solution, que l'engagement d'une créance civile à ordre ne peut être soustraite aux formalités requises par les articles 2074 et 2075.

Changeons la donnée précédente et supposons que des valeurs commerciales fassent l'objet d'un nantissement civil, lettre de change, billet à ordre commercial, lettre de voiture. La mise en gage de ces valeurs est-elle possible par simple endos ? Remarquons d'abord qu'on ne pourrait objecter que nous sommes en présence d'un acte commercial quoique accompli par un non-commerçant ; la nature du contrat de gage, contrat essentiellement accessoire, est déterminée par celle de l'obligation principale ; or, nous supposons ici que cette obligation est civile, le nantissement l'est aussi, quel qu'en soit l'objet.

Cette objection écartée, nous croyons que pour les motifs développés à l'hypothèse precédente, la même solution s'impose. Donc l'engagement de valeurs commerciales, pour garantie d'une obligation civile, n'aura lieu qu'avec un écrit enregistré, contenant les énonciations de l'article 2074 et signifié aux débiteurs de la créance, c'est-à-dire à tous les signataires, souscripteurs et endosseurs, car tous sont solidairement responsables; tous sont éventuellement appelés à désintéresser le créancier gagiste.

Une opinion intermédiaire entre ces deux systèmes, demande, en ce cas, l'application de l'article 2074, mais trouve la signification inutile et la remplace par l'endossement. Croit-on ainsi couper court à toute fraude? vis-à-vis du débiteur, le créancier de mauvaise foi prétendrait, il est vrai, sans chance de succès, qu'il est propriétaire, puisque l'acte de gage constaterait aux mains du débiteur la fausseté de cette allégation. Mais si le créancier gagiste transmet le titre, passé à son ordre, à un tiers, comment ce dernier vérifiera-t-il la fraude? et, malgré le contrat de gage que possède le débiteur, son titre à ordre ne sera-t-il pas perdu (1)? Il ne remboursera pas, dit-on, au créancier la valeur de l'obligation principale! et si le gage était supérieur au montant de cette obligation? si, confiant dans l'honnêteté du créancier, il l'a remboursé, sans exiger la remise immédiate de son titre? il subira certainement une perte, car le créancier, pour en arriver à cet acte frauduleux, doit être réduit à l'insolvabilité! Supposons encore que le créancier, après avoir commis cet abus de confiance de céder le titre engagé à un tiers, tombe en faillite, quelle est la situation du débiteur? Celui-ci devra payer à l'actif de la faillite le montant

(1) M. Troplong, *Traité des prescriptions*, II, n° 1065, assimile les titres à ordre transmis par un endossement régulier aux titres au porteur.

de l'obligation principale, sauf à se faire colloquer pour toucher un dividende sur une somme égale à sa valeur perdue; mais quel sera ce dividende?

Il est généralement reconnu qu'on ne saurait transporter en matière civile l'engagement spécial, l'endos de garantie, que la loi de 1863 a introduit dans le gage commercial. Là encore nous nous en tiendrons rigoureusement aux termes des articles 2074 et 2075.

D. Titres nominatifs.

Les titres nominatifs se transmettent en pleine propriété par une déclaration de transfert dont mention est consignée sur les registres de la Société qui les a émis. Quant à leur nantissement, il est généralement admis qu'il n'est valable qu'à la condition d'avoir été constaté par acte enregistré, mais que la signification peut être remplacée par la déclaration de transport. Nous repoussons encore cette solution qui ouvre le champ à la fraude. Mais avant de discuter ce système, il en est un autre plus radical qu'il nous faut repousser. Quelques auteurs considèrent qu'il faut étendre au gage des valeurs nominatives des Sociétés le transfert pur et simple au moyen duquel s'effectuent, aux termes de la loi du 28 Floréal an VII, les transmissions de toute nature (même le transport-nantissement) de la dette publique. Cette doctrine est inadmissible comme contraire à l'une des règles de notre droit qui défend d'étendre les exceptions par analogie. La loi du 28 Floréal an VII, en organisant le mode de transmission des rentes a prévu le cas où des mutations spéciales autres que celles en pleine propriété auraient lieu (article 6) et décide qu'un certificat sera délivré au nouveau titulaire, contenant ses noms, prénoms, etc..., « et la qualité « en laquelle il possède » ; les termes de cet article 6 semblent bien embrasser toutes les espèces de mutation et autorisent l'inscription détaillée, sur les registres et dans le certificat, de la qualité spéciale du titulaire. Un acte écrit transmet la rente entre les parties, le transfert le transmet à l'égard des tiers. Toute fraude est ainsi évitée. Il n'a jamais fait doute que non-seulement ce mode pouvait servir à l'impignoration des rentes sur l'Etat, mais encore qu'il devait nécessairement être employé à l'exclusion de tout autre (1). Cette loi a-t-elle été étendue plus tard aux créances analogues que des Sociétés privées pourraient émettre? évidemment non, puisque le Code a créé des règles spéciales pour l'engagement des créances; elle est donc une exception qu'on ne peut étendre par analogie. Dans le système que nous attaquons, pour être logique, il faudrait admettre dans toutes ses conséquences la loi de l'an VII et décider que l'article 2075 est inapplicable à l'engagement des actions nominatives d'une Société, comme il l'est pour les rentes sur l'Etat, et qui oserait le prétendre!

Cette doctrine n'est pas du reste généralement suivie, et on se contente de permettre de substituer le transfert à la signification. Or nous savons que le transfert à titre de garantie institué depuis la loi de 1863, en matière commerciale, ne peut s'appliquer au gage civil. L'opération se passe donc ainsi : l'écrit enregistré qui contient presque toujours à la fois l'obligation principale et le gage est en double aux mains des parties, puis on transfère le titre au nom du créancier. Ainsi à la vérité les droits des parties seront parfaitement conservés et le gagiste ne pourra consentir une cession frauduleuse du titre nominatif, car il n'a pas pour cela en mains un écrit qui lui donne pouvoir ou qualité et la Compagnie se refuserait à transcrire sur ses

(1) Paris, 3 juin 1836. Dal., 37, 2, 3. Cass., 5 juillet 1870, *J. Pal.* 1872, 421.

registres pareille cession. Le seul côté défectueux de ce système c'est que la loi ne l'autorise pas et que ce mode de transmission, qui constitue dans la cession de créance une exception, ne peut être étendu au nantissement par analogie. La pratique toutefois et la jurisprudence sont constantes pour autoriser le transfert au lieu et place de la signification, d'autant mieux que des Compagnies émettent souvent la prétention de ne pas accepter cette formalité. La sanction consisterait, la formalité accomplie, à les rendre responsables de toutes les difficultés ultérieures qui pourraient survenir tant au créancier gagiste qu'au débiteur.

E. Effets au porteur.

Ces meubles incorporels, quoique constituant des créances, sont, à raison de leur forme destinée à en favoriser l'extrême mobilité, considérés comme de véritables meubles corporels. Le possesseur des titres au porteur est en même temps possesseur de la créance et il est impossible à celui qui les reçoit de se rendre compte si celui qui les lui donne n'en n'est pas le véritable propriétaire (sauf cependant par la vérification des numéros frappés d'opposition : loi du 15 juin 1872). La nature spéciale de ces meubles a fait admettre unanimement par la jurisprudence et la doctrine que les formalités voulues par l'article 1690 n'étaient pas applicables à leur cession et que la simple tradition manuelle suffisait, exactement comme pour les meubles corporels, à en transférer la propriété. En ce qui concerne l'impignoration de ces valeurs, les controverses les plus vives s'étaient élevées en matière civile et commerciale avant la loi de 1863, qui tranche la difficulté pour le gage commercial, mais la controverse reste entière en droit civil.

Trois opinions sont en présence ayant chacune pour elle les

plus sérieuses autorités. La première tendant à l'assimilation du transport-nantissement au transport-cession pense que la tradition de pareils objets, suffisant à en transférer la propriété complète, peut à plus forte raison transférer une propriété éventuelle, comme celle qui résulte du gage ; c'est l'intention des parties qui indiquera la nature du contrat qu'elles ont voulu faire, gage ou vente (1). On invoque dans ce système deux considérations : d'abord ces effets au porteur, quelles que soient leur mobilité et leur forme, n'en sont pas moins pour cela des créances auxquelles l'article 2074 est étranger ; d'autre part le parallélisme qui existe entre le transport-cession et le transport-nantissement autorise à appliquer à celui-ci comme à celui-là les mêmes formalités et tout le monde admet que ces titres se transmettent en pleine propriété par tradition manuelle. Cette augmentation est de tous points inexacte. L'article 2074, dit-on, ne s'applique pas aux meubles incorporels (2) !... Voilà une affirmation qu'il faudrait prouver. Est-ce que l'article 2075 qui traite de l'impignoration des créances n'a pas un lien direct avec l'article 2074 ? N'est-ce pas du même privilège « énoncé », dit la loi, « en l'article précédent » qu'il est parlé dans les deux dispositions ? Qui oserait avancer, et il le faudrait pour être logique en écartant l'article 2074 du gage des créances, que les énonciations de ce dernier article, déclaration du montant de la dette et description de l'objet engagé, ne s'appliquent pas aux meubles incorporels. La vérité est que l'article 2075 ne fait que compléter l'article 2074 qu'il répète, en y ajoutant la formalité de la signification. Enfin nous avons vu que si le législateur a usé des mêmes formalités pour la cession et le nantissement des créances, rien n'indique qu'il ait voulu assimiler

(1) MM. Massé, *Droit commercial*, IV, 525. Troplong n° 287. Paris, 8 février 1854. Sir. 54, 2, 230 et 29 mars 1856. Sir. 1856, 2. 408.

(2) MM. Aubry et Rau, t. IV, page 703 note 12.

les deux contrats. Le nantissement est plus dangereux pour le débiteur que la cession, aussi la loi s'est-elle montrée plus exigeante dans ce premier contrat ; rien n'autorise donc à poser en principe qu'au cas où des formalités ne sont plus nécessaires pour transférer la propriété, elles deviennent également inutiles pour la mise en gage.

Dans un second système, la Cour de cassation s'en tenant au texte des articles 2074 et 2075 les applique rigoureusement au nantissement des titres au porteur (1). Pour ressembler à des objets corporels, ces titres n'en sont pas moins pour cela des créances qui rentrent dans les termes généraux de l'article 2075. Cet article s'applique à toutes les créances mobilières sans exception, telles qu'elles sont définies par l'article 529 du Code civil, c'est-à-dire actions et obligations de toutes formes ayant pour objet des sommes exigibles ou des objets mobiliers, en conséquence, le gage et le privilège qui en résultent ne peuvent exister sur les meubles incorporels que par l'accomplissement de la double formalité des articles 2074 et 2075.

Dans un troisième système on traite les titres au porteur, quant à leur mise en gage, comme de véritables meubles corporels ; cela conduit à leur appliquer l'article 2074 seul. Leur engagement sera donc constaté par écrit enregistré contenant les deux énonciations quant à la somme due et à l'objet. La signification, devenue inutile puisqu'on écarte l'article 2075, sera remplacée par la remise du titre au créancier (2). MM. Aubry et Rau qui adoptent ce système, s'appuient sur les travaux préparatoires de la loi du 24 mai 1863 ; l'orateur du gouvernement, chargé de défendre le projet de loi devant le

(1) Cass. 19 juin 1860. Sir. 1860, 1, 689. — Adde : 30 novembre 1864. Sir. 64, 1, 503.

(2) MM. Aubry et Rau, t. IV, 702. — Alger, 9 juin 1862. Sir. 1862, 2, 385.

Corps législatif, pour justifier le silence gardé par la loi proposée sur les titres au porteur, disait qu'aucune disposition n'était nécessaire pour faire cesser toutes les controverses qui s'étaient élevées au sujet du nantissement des valeurs au porteur « puis- « que le projet les assimilait complètement aux objets corpo- « rels transmissibles par la seule tradition, absolument comme « la propriété d'un lingot, d'un meuble, d'un bijou... » De là, MM. Aubry et Rau tirent cette conséquence que le législateur de 1863, bien qu'il ne s'occupât que du gage en matière commerciale, a fourni la solution de la présente controverse, en plaçant les titres au porteur sur la même ligne que les objets corporels ; qu'il ne saurait plus, par suite, y avoir d'hésitation à leur appliquer seulement l'article 2074 quand ils sont compris dans un gage civil. A cela il est facile de répondre par l'objection que prévoient MM. Aubry et Rau mais qu'ils ne réfutent pas. L'orateur au Corps législatif ne s'occupait que du gage commercial et la solution qu'on prétend en tirer, en droit civil, ne peut avoir d'autre valeur que celle d'une opinion personnelle à laquelle il est permis de ne pas s'arrêter. Pourquoi de plus dans cette opinion exiger l'écrit quand on écarte la signification ? Autant vaut supprimer aussi la première formalité quand on entre dans cette voie. De quelle utilité sera-t-il ? Il permettra au débiteur, dit-on, de réclamer ses titres au créancier gagiste lorsqu'il l'aura remboursé. Mais de deux choses l'une, ou bien le gagiste est de mauvaise foi et commettant un abus de confiance disposera des titres qui sont irrémédiablement perdus pour le débiteur ; la revendication de l'article 2279 en cas de vol n'étant pas permise au cas d'abus de confiance ; le débiteur refusera alors, il est vrai, de rembourser le créancier gagiste, mais il peut subir une perte égale à la différence entre le montant de la dette et celui des titres. Ou bien le créancier est de bonne foi et restituera les valeurs ; alors, à quoi servira l'écrit ?

En somme, nous ne trouvons pas dans les deux systèmes qui s'éloignent du texte de la loi d'assez bonnes raisons pour les accepter. Le système de la Cour de cassation qui applique les deux articles 2074 et 2075 a pour lui le principe. Mais à qui faire la signification ? A la Société qui a livré les titres ; si elle refuse de l'accepter, pourquoi ne pas la rendre responsable ? Pourquoi ne l'accepterait-elle pas, du reste ; la charge n'est pas lourde puisque rien ne l'oblige à satisfaire à la demande des tiers qui viendraient s'enquérir auprès d'elle de l'accomplissement de cette formalité. La signification serait très utile si les Sociétés voulaient communiquer les numéros de leurs titres mis en gage, mais c'est là une voie, nous ne nous le dissimulons pas, dans laquelle elles ne s'engageront que si une loi les y contraint, afin de ne pas nuire à la circulation de leurs titres.

De toutes ces difficultés il ressort une conclusion, c'est que, la fortune mobilière s'étant considérablement accrue depuis la confection du Code, le nantissement civil n'est plus en harmonie avec la multiplicité des formes que la circulation rapide des richesses a imposées aux valeurs civiles. Une réforme est nécessaire, mais jusqu'aux nouvelles dispositions que décrètera le législateur l'interprète n'a qu'à guider ses commentaires sur le texte strict de la loi.

CHAPITRE VI.

MISE EN POSSESSION DU CRÉANCIER GAGISTE D'UN MEUBLE INCORPOREL.

Article 2076.

A. Caractères de la possession. — *B*. Le but de la loi en ordonnant la possession. — *C*. Possession des meubles incorporels. — *D*. Possession du droit au bail. — *E*. Possession d'une créance d'indemnités en cas d'incendie. — *F*. Fondement de l'art. 2076. — *G*. Quid si le créancier se dessaisit du gage? — *H*. La possession par un tiers convenu.

A. **Caractères de la possession.**

L'article 2076 nous indique la dernière condition de forme nécessaire à la naissance du privilège du créancier gagiste. « Dans tous les cas, dit cet article, le privilège ne subsiste sur « le gage qu'autant que ce gage a été mis et est resté en la « possession du créancier ou d'un tiers convenu entre les par- « ties. » Cette expression « dans tous les cas » veut indiquer que cette disposition se rattache aux deux articles 2074 et 2075 qui précèdent, embrassant ainsi tous meubles corporels et incorporels qui sont susceptibles d'être engagés.

Cette formalité est la plus importante du gage, puisque, comme nous l'avons indiqué en traitant du gage simple, elle est nécessaire non-seulement à l'égard des tiers, mais encore dans le rapport du créancier et du débiteur. Cette mise en possession du créancier gagiste est tellement associée à l'idée de gage qu'il faut de nos jours un effort d'esprit pour comprendre la doctrine romaine, dans laquelle la possession de la chose engagée demeurait au débiteur. Cette doctrine cependant paraît aujourd'hui reprendre faveur et il est question de permettre de nouveau au débiteur une impignoration de ses meubles sans qu'il s'en dessaisisse ; on constituerait de la sorte, par un système de publicité, une véritable hypothèque mobilière ; nous retrouverons cette question à la fin de ce travail.

B. But de la loi en ordonnant la possession.

Dans la dépossession du débiteur la loi a eu un double but. Elle l'atteint en ce qu'elle écarte la tentation de fraude qui pourrait hanter le débiteur, s'il gardait le gage entre ses mains. Etre obligé, en effet, de recourir à un gage pour trouver du crédit, cela dénote, chez le débiteur, une situation obérée ou tout au moins difficile ; aussi était-il à craindre qu'il ne résistât que difficilement à la pensée de se servir une seconde fois de la chose engagée, si on lui eût laissée entre les mains. En la présentant comme libre, il se procurait à nouveau des ressources. L'acte ne lui eût même pas paru très coupable, car tout emprunteur s'illusionne sur la possibilité du remboursement à échéance qui lui semble toujours facile. Le législateur a fait œuvre de psychologue en imposant au débiteur la dépossession de la chose qu'il engageait ; il a même rendu au débiteur le service de lui faire ainsi sentir tout l'intérêt qu'il avait à rembourser par la gêne que lui apporte la privation de sa chose. Ces considérations, il est vrai, s'appliquent moins exactement aux meubles incorporels qu'aux meubles corporels, mais ce n'est pas à dire que le législateur n'y ait songé.

Le second point que s'est proposé la loi par la remise de la chose au créancier gagiste consiste à avertir les tiers que le débiteur frappait l'un de ses biens d'un privilège et diminuait ainsi son patrimoine. La tradition de l'objet engagé était le meilleur moyen de révéler ce droit de préférence; la saisine du créancier aura donc ces deux effets de conserver le privilège et d'en établir la publicité.

Voilà la théorie. Mais on peut avancer sans hésitation qne le résultat cherché par le législateur n'est pas plus atteint ici que dans la signification. La tradition ne donnera aucune publicité à l'engagement d'un meuble incorporel. Comment en pratique se présente le contrat de gage? La place qu'occupe l'article 2076 laisserait croire que la tradition est destinée à compléter la publicité déjà commencée dans le gage des meubles incorporels par la signification, alors que la marche contraire est généralement suivie. L'écrit dressé, le gage est remis au créancier qui seul a dorénavant intérêt à l'enregistrement et à la signification du contrat. La tradition précédera donc ces deux dernières formalités ; on pourrait penser que, cette tradition proclamant la possession du gagiste, il est indifférent, en somme, que la signification ne donne aux tiers aucune indication du contrat de gage, d'autant plus que la tradition doit être ostensible, réelle, notoire. « Il est de l'essence du contrat, dit « la Cour de cassation dans un arrêt, que la mise en possession « du créancier soit un fait apparent, d'une notoriété suffisante « pour avertir les tiers que le débiteur est dessaisi et que l'ob- « jet engagé ne fait plus partie de son actif libre (1). » Il faut avouer que c'est là se payer de mots et, en admettant que l'on trouve ces caractères de la possession du créancier gagiste dans la tradition d'un meuble corporel, ils ne subsistent plus quand un droit mobilier est donné en gage, ou plutôt ils ne sont plus d'aucune utilité. Les tiers pourront, peut-être, s'apercevoir que le créancier possède dans sa maison un coffret, un fusil ou un

(1) Cass. 29 déc. 1875. Dalloz, 1876, 1, 219.

objet plus volumineux dont ils savaient leur débiteur propriétaire. Mais quand, par acte authentique ou sous-seing privé, un gage est constitué et que le débiteur remet à son créancier une créance de nature quelconque, que le fait se produise chez un notaire ou chez l'une des parties, qui donc fera connaître le secret de cette opération? Nous l'avons déjà dit, personne ne le révélera, ni le créancier ni le débiteur constituant, ni le débiteur de la créance engagée; leur intérêt leur commande de garder le silence. Que devient alors toute cette publicité si savamment organisée? Elle n'existe pas, au moins pour les meubles incorporels. Les créanciers chirographaires seront déçus bien souvent s'ils comptent sur un avoir considérable en meubles incorporels chez leur débiteur, car il a pu tout engager à leur insu.

Au regard des tiers cette formalité de la mise en possession est donc à peu près inutile en notre matière, mais la loi la réclame impérieusement. Aussi faut-il qu'elle soit conforme au désir du législateur, car, le jour où les tiers connaîtront le gage, ils ne manqueront pas de l'attaquer, si la tradition ne réunit pas toutes les qualités que l'arrêt cité plus haut lui impose. En résumé, il faut rigoureusement exécuter cette condition pour qu'elle donne aux tiers un moyen facile de conclure à la nullité du gage.

C. Possession des meubles incorporels.

Et d'abord quel fait constituera la tradition de la créance? Nous trouvons aux articles 1607 et 1689 du Code civil la solution de cette question. Ce sera la remise du titre, car c'est ainsi, nous dit l'article 1689, que s'opère la délivrance entre le cédant et le cessionnaire dans le transport d'une créance, d'un droit ou d'une action sur un tiers. Il s'en suit que toute créance non constatée par un titre ne saurait être mise en gage (1).

De la nécessité de cette remise réelle du titre résulte encore cette conséquence qu'il ne suffit pas de la mettre à la disposition du créancier gagiste, en lui promettant, par exemple, de lui communiquer à toute réquisition : sans le fait de la tradition, pas de gage, pas de privilège ! (2). Dans l'espèce suivante la Cour de Bourges a jugé que la dépossession du débiteur n'avait pas eu lieu. Des emprunteurs avaient délégué, à titre de nantissement, somme égale au prêt à prendre dans le capital à eux dû franc le prix de la vente d'un immeuble. L'acte de prêt portait cette clause que les emprunteurs s'obligeaient à aider de leur titre de vente le prêteur à première réquisition de sa part. La Cour a décidé, avec raison, que la tradition faisait défaut, le titre étant resté aux mains des débiteurs; que par suite le privilège n'avait pu prendre naissance.

Quel est au juste ce titre que les articles 1607 et 1689 indiquent comme l'objet au moyen duquel se fera la tradition et la mise en possession. Si la créance donnée en gage a été constatée au moyen d'un acte sous signatures privées, c'est l'original qui devra être remis au créancier. Mais quand cette créance est consignée dans un acte authentique et particulièrement un acte rédigé en minute, le notaire qui a reçu l'acte ne peut s'en dessaisir, il ne saurait par suite être question que de la remise de la grosse ou d'une expédition. On a soutenu que le créancier pour être nanti devait avoir la grosse en sa possession, qu'ainsi seulement les tiers seraient sérieusement avertis qu'une mutation s'était produite dans la propriété entière ou éventuelle de la créance, car le nombre des expéditions que le notaire peut

(1) Lyon, 31 janv. 1839, Dalloz. *Répert.* au mot nantissement.

(2) Bourges, 9 juin 1854. Dalloz, 1855, 2, 252.

délivrer étant illimité il serait facile au débiteur de donner plusieurs fois la même chose en gage. Qu'enfin il n'est pas rare de voir un créancier communiquer à une tierce personne l'expédition d'un titre, soit pour lui demander un conseil, soit pour lui fournir un renseignement. Il nous semble toutefois que c'est se montrer plus rigoureux que la loi. Que demande-t-elle en effet? la remise du titre, or, l'expédition constitue un titre tout aussi bien que la grosse. Puis s'il est difficile, il n'est pas impossible de se procurer une seconde grosse avec laquelle la même fraude est à craindre qu'avec la seconde expédition.

Lorsque le débiteur se sera réellement dessaisi, pour en investir le créancier, du titre qui constate son aptitude à exercer un droit mobilier, l'investissement du créancier gagiste pourra être considéré comme suffisant et la tradition voulue par la loi aura été observée. Ainsi la Cour de Paris a décidé qu'était valable l'engagement par un héritier d'une créance assise sur un immeuble licité et adjugé à cet héritier ; la tradition avait eu lieu par la remise au créancier de l'extrait de liquidation auquel était annexé l'extrait du jugement d'adjudication, avec le droit pour le gagiste de se faire délivrer tous autres titres au lieu et place du débiteur ; mais celui-ci n'avait pu remettre le jugement d'adjudication resté, de convention entre les héritiers, aux mains de l'un d'eux. La Cour a vu, avec raison, dans ce fait une dépossession suffisante pour conférer un nantissement.

La Cour de cassation a appliqué la même solution à une autre espèce où le débiteur s'était dessaisi du titre qui constatait sa propriété (1) : Un débiteur voulant donner en gage à son créancier des actions sociales dans une Société industrielle, lui avait remis la grosse du contrat constatant sa propriété sur

(1) Paris, 19 juin 1848. *J. Pal.*, 1849, 1, 505.

les actions. On soutint que ce fait ne pouvait pas établir une propriété suffisante, qu'au reste de telles actions ne pouvaient être engagées pour ce motif, qu'elles ne consistaient qu'en une inscription sur les registres de la Société et que la remise de ces registres ne pouvait avoir lieu ; que même l'acte de transfert au nom du gagiste ne remplirait pas le vœu de la loi qui demandait la tradition du titre, c'est-à-dire, de l'action elle-même. La Cour de cassation a repoussé ces prétentions en décidant que la remise au créancier gagiste de la grosse du contrat où était relatée la propriété du titulaire des actions, constituait une tradition suffisante puisque le gagiste pourrait ainsi exercer tous ses droits sur les actions sociales, qu'en conséquence le nantissement était valable.

La Cour de cassation belge (1) a trouvé dans une hypothèse très intéressante, une tradition suffisante dans la prise de possession par un tiers convenu entre les parties, du titre constatant chez le débiteur la propriété de la créance engagée bien que ce tiers fût déjà dépositaire de la créance. Voici l'espèce : Les actions charbonnières que le débiteur voulait donner en gage consistaient dans la reconnaissance de son droit couché sur les registres de la Société où s'inscrivaient toutes les mutations à elles notifiées. Là encore la remise des registres était impossible ; aucun titre de nature à être transmis ne constatant le droit, le privilège semblait ne pouvoir prendre naissance. On tourna la difficulté ; les actions furent engagées par acte authentique où il fut causé que tous pouvoirs étaient donnés au créancier pour qu'il fît la signification nécessaire « pour « valoir tradition ». La Société étant un tiers à l'égard du débiteur, comme à l'égard des créanciers, devint ainsi, du consente-

(1) Arrêt rapporté par M. Laurent, t. XXVIII, n° 483. Arrêt de la Cour de cass. belge du 26 déc. 1850.

ment des parties désintéressées, détentrice du titre dont elle était déjà dépositaire; la mise en possession avait eu lieu par l'entremise de la Société charbonnière au moyen de la signification et aux termes du dernier alinéa de l'article 2076 qui autorise la possession par un tiers convenu « entre les parties », le vœu de la loi était réalisé et le nantissement fut déclaré valable par la Cour de cassation belge.

D. Possession d'un droit au bail.

Cette règle, que la remise du titre qui constate un droit mobilier dans la personne du débiteur, suffit pour que la tradition en soit complète, a été très vivement contesté à l'occasion de l'engagement du droit à un bail. Nous supposons, bien entendu, et cela n'était du reste pas contesté dans l'espèce que nous allons rapporter, que le droit du preneur tombe comme mobilier sous l'application de l'article 2075 : La ville de Lyon avait concédé à un limonadier le droit de construire sur une place publique un pavillon. Les entrepreneurs, pour se couvrir des frais des travaux s'étaient fait remettre le bail en nantissement; la grosse du bail fut annexée au contrat de gage et signifiée à la ville de Lyon dans la personne du préfet du Rhône. Lorsque les entrepreneurs non payés poursuivirent la réalisation de leur gage, les autres créanciers du débiteur contestèrent le privilège prétendant que la tradition demandée par l'article 2076 n'avait pas eu lieu, parce que les entrepreneurs n'avaient pas été mis en possession de la chose engagée, c'est-à-dire du pavillon. Le tribunal de Lyon repoussa ces prétentions répondant avec raison que le nantissement avait pour objet non le pavillon mais le droit au bail et que, toutes les formalités pour la mise en gage d'une créance ayant été observées, le gage était valablement constitué. — En appel ce jugement fut réformé par la

Cour de Lyon ; elle motivait surtout sa décision sur les principes d'équité qui ont guidé le législateur lorsqu'il a ordonné la tradition. Son argument principal était que si le débiteur continuait à posséder les locaux et à y exercer son industrie, les tiers ne seraient pas suffisamment avertis que le droit au bail avait cessé d'être le gage commun des créanciers. Il faut un dessaisissement qui frappe les regards, sinon les intérêts des tiers seraient sacrifiés lorsque trompés par les apparences ils feraient un crédit au locataire. Le nantissement en pareille hypothèse ne pouvait exister que si le débiteur abandonnait au créancier gagiste la jouissance de la chose louée. — Cet arrêt repose sur la confusion qu'avait évitée le tribunal de Lyon entre le droit du preneur, chose incorporelle, dont la tradition se fait conformément à l'article 1689 du Code civil par la remise du titre, et la chose corporelle, objet de ce bail, le pavillon dans l'espèce, qui n'eût pu même en tant qu'immeuble être donné en gage. On établirait ainsi pour le droit du preneur une exception que rien n'autorise dans la loi ; on transformerait de plus complètement le gage de ce droit en une véritable cession. Obliger, en effet, le débiteur à livrer les lieux loués à son créancier, c'est le contraindre à réaliser de suite le gage, c'est substituer à la faculté de se servir de sa créance mobilière l'obligation de payer immédiatement. En définitive, cela reviendrait à empêcher le nantissement d'un droit au bail, puisque l'engagement équivaudrait à une cession pure et simple. Et cependant la Cour de Lyon ne contestait pas qu'en principe le droit au bail fût susceptible d'être mis en gage. La Cour de cassation dont la jurisprudence est maintenant constante cassa l'arrêt de la Cour de Lyon (1) pour violation de l'article 2076, en se basant sur les considérations que nous venons de rapporter et

(1) Cass., 13 avril 1859, et 11 avril 1866.

maintint la tradition d'un droit au bail donnée en nantissement par la simple remise du titre qui le constate. On peut ajouter encore que l'exigence de la Cour de Lyon créait en faveur du créancier une manière de réaliser le gage et de se faire payer contraire à l'article 2078 qui défend au créancier de disposer du gage sans l'intervention de justice.

La mise en gage ne saurait résulter d'une simple copie du titre lorsque le débiteur possède l'original. Ainsi l'engagement d'une créance dans lequel le débiteur remettrait au gagiste seulement la copie de l'acte sous-seing privé constatant cette créance ne serait pas valable, faute de tradition.

E. Mise en possession d'une créance d'indemnités en cas d'incendie.

De même la clause de style que tout notaire insère dans l'acte portant obligation pour prêt avec affectation hypothécaire, en vertu de laquelle l'emprunteur cède et transporte, à titre de plus ample garantie, à son créancier le montant que la Compagnie d'assurances aurait à lui payer en cas d'incendie de l'immeuble hypothéqué, cette clause nous paraît, par suite d'une négligence de la pratique notariale ne donner au créancier qu'une garantie très contestable. Cette convention ne contient pas, en effet, une cession de créance, mais bien, en réalité, une constitution de gage, dans laquelle la mise en possession du gagiste doit avoir lieu par la tradition du titre constatant la créance. Or, on se borne toujours après avoir signifié le transport à la Compagnie d'assurances à annexer à l'acte d'obligation un simple duplicata de la police, dont l'original reste aux mains du débiteur, sans indiquer même que cet annexe est destiné à mettre le créancier en possession du gage. Cette pratique unanimement adoptée dans le notariat et que les recueils de formules (1) indiquent comme non contestée, est cependant vicieuse et le gage qui en résulte pourrait être annulé. Le débiteur n'est pas, effectivement, dépossédé et le créancier n'est pas nanti par l'annexion à l'acte d'obligation de ce simple duplicata. L'original permet au débiteur, entre les mains duquel il reste, de se livrer à la fraude d'une seconde mise en gage ou d'une cession ultérieure, ce à quoi la loi a voulu parer par cette formalité substantielle de la remise du titre. Nous en concluons que pareil transfert en garantie pourrait être frappé de nullité.

F. Fondement de l'article 2076.

L'article 2076 exige que le gage non-seulement soit mis, mais reste en possession du créancier pour la conservation du privilège qui en résulte. On dit généralement que cette règle n'est qu'une conséquence de l'article 2279 du Code civil, en vertu duquel c'est le possesseur d'un objet mobilier qui est toujours préféré. C'est là, il nous semble, une idée fausse ; l'article 2279 ne s'applique, en effet, qu'aux objets corporels, tandis que l'article 2076 dont on veut n'en faire qu'un corollaire s'applique aussi aux meubles incorporels. Ce que le législateur a cherché par la disposition de cet article, c'est que la faveur qu'il accordait au créancier gagiste fût constamment publiée par la détention de l'objet et que les tiers, après avoir appris par la tradition la naissance du privilège, connussent par la possession du créancier le temps pendant lequel il subsistait.

Aussi les autres créanciers du débiteur commun sont-ils

(1) Edouard Clerc, *Formulaire du notariat*, tome 1, page 202, n°s 155 et suivants et page 212 texte et note.

fondés, le jour où cette possession ne subsiste plus, à repousser le droit du créancier gagiste ; il suffira donc que celui-ci consente à se dessaisir, ne fût-ce qu'un instant, de l'objet engagé, pour que le privilège s'évanouisse ; cela constitue en effet une véritable renonciation de la part du créancier au droit que la possession lui donnait sur le gage. Nous admettrons même que le débiteur rentré en possession du gage pourrait se refuser à le restituer, en admettant toutefois qu'il n'ait pas amené le créancier à s'en dessaisir par des manœuvres fauduleuses auquel cas celui-ci pourrait en réclamer la restitution. Mais les tiers auraient toujours le droit de ne plus considérer le gagiste, à partir du moment où il s'est dessaisi, que comme un simple chirographaire ; c'est à lui à ne pas abandonner le gage avant que sa créance n'ait été complètement remboursée.

G. Le créancier gagiste se dessaisit du gage ?

Lorsque le créancier gagiste perd la possession d'un meuble incorporel dont il était nanti, en dehors du cas de perte où de vol d'un titre au porteur, son privilège disparaît sans retour. Vainement un gage nouveau serait-il de convention, entre les parties, substitué au gage ancien, quand même il serait semblable ou d'égale valeur. Cela tient à ce que le privilège du gagiste est spécial, qu'il a pris naissance sur une chose déterminée, sur laquelle il frappe et ne peut par conséquent être reporté sur une autre chose que les parties n'ont pu avoir en vue lorsqu'elles ont contracté. Si donc les parties veulent remplacer l'ancien gage par un nouveau, il leur faudra renouveler toutes les formalités du contrat de gage. C'est un nouveau contrat n'ayant aucun rapport avec l'ancien et auquel on appliquera toutes les règles déjà développées. De sorte que, tout fait qui se serait produit avant la constitution du nouveau nantissement et ne permettrait plus au débiteur de donner à son créancier une sûreté spéciale, paralyserait le nouveau gage et mettrait obstacle à la naissance du privilège. Ainsi l'article 446 du Code de commerce annulerait ce gage, si la substitution avait eu lieu après la cessation des paiements ou dans les dix jours qui la précèdent, puisque le nouvel objet engagé garantirait une dette antérieurement contractée.

Par application de ces principes la Cour de cassation (1) a prononcé la nullité d'un nantissement consistant en obligations remises par un failli à son créancier en remplacement d'un cautionnement en espèces dont celui-ci avait consenti à se dessaisir.

B. Possession par un tiers convenu.

Lors de la rédaction du Code, le projet primitif de l'article 2076 ne prévoyait que le cas où le créancier gagiste était mis et restait en possession du gage, pour conserver son privilège, mais le consul Cambacérès fit remarquer les avantages que les parties pouvaient retirer du dépôt, aux mains d'un tiers, de l'objet engagé (2). Ainsi le créancier n'a plus à craindre l'aliénation frauduleuse qu'en pourrait faire le créancier. Enfin, et c'est là surtout le point important, le même objet pourra, ainsi détenu par un tiers, donner à son propriétaire un crédit égal à sa valeur entière et servir de garantie à plusieurs créances.

L'article 2076 veut que le tiers soit « convenu » entre les parties ; une convention établira donc le lien entre le gagiste et le tiers de telle sorte que celui-ci possède pour le compte de celui-là. Le tiers sera par suite mandataire des parties et, comme tout mandataire, il n'est pas nécessaire qu'il intervienne

(1) Rejet du 29 mars 1865, *J. Pal.* 1865, 531.
(2) Locré, tome XVI, page 14.

à la convention de dépôt, il suffira qu'il consente à la détention de la chose et le fait même qu'il en accepte la garde impliquera son consentement. Toutefois cette acceptation devra être certaine et le notaire, par exemple, détenteur de la créance engagée, sans qu'il en soit chargé d'une manière expresse et ait au moins tacitement consenti, ne pourra être considéré comme dépositaire dans les termes de l'article 2076.

Cette facilité, que la loi accorde, de la détention du gage par un tiers, est surtout intéressante pour les meubles incorporels dont la valeur exactement connue, soit par le montant de la créance, soit par les cours de Bourse ou de Banque, pourra être utilisée par le débiteur à la garantie de plusieurs dettes concomitantes ou successives. Cependant un arrêt de la Cour de Paris semble infirmer cette doctrine en maintenant le vieil adage « nantissement sur nantissement ne vaut ». Mais dans l'espèce dont elle avait à s'occuper, la possession exclusive du créancier gagiste empêchait tout autre gage au profit d'un second gagiste (1). Rien au contraire dans notre droit n'empêche le *subpignus* lorsque la créance engagée sera, de convention entre les parties, détenue par un tiers pour les créanciers gagistes ou encore quand le premier créancier gagiste consentira à posséder pour le second.

Comment alors se règlera la situation respective des créanciers sur le gage? Il faut distinguer entre deux hypothèses : Supposons qu'un débiteur ait donné en gage par le même contrat, à deux créanciers, une valeur de quinze mille francs détenue par l'un d'eux ou par un tiers convenu pour les garantir d'une obligation pour prêt d'une somme de dix mille francs due à chacun d'eux. L'un a-t-il un droit de préférence établi par le contrat, il se paiera d'abord sur le gage de sa

(1) Paris 12 janvier 1846, et Paris 15 novembre 1850. Dal. 1851, 2, 23 et 24.

créance entière, et l'autre exercera son privilège à l'encontre des autres créanciers sur la portion du gage qui reste disponible? N'y a-t-il aucune préférence indiquée au contrat, ils toucheront, pour se rembourser de leur obligation, chacun la moitié de la valeur engagée.

Si nous admettons maintenant que la créance engagée et remise aux mains d'un tiers convenu sert de garantie à deux gagistes successifs, il faut établir une distinction dont l'appréciation restera souverainement aux juges du fait suivant la teneur du contrat. Le premier créancier aura peut-être voulu laisser concourir le second avec lui, ce qui aura lieu, à moins que les tiers n'aient par une saisie-arrêt rendu impossible ce second engagement ou que le débiteur ait été frappé de l'incapacité de disposer (article 446 du Code de commerce). Si la seconde constitution de gage n'a eu lieu qu'à l'insu du premier créancier, mais qu'il consente à posséder ensuite pour le second créancier, le premier n'aura aucun concours à subir, le second gagiste pourra seulement, sur le surplus du gage, écarter par son droit de privilège les autres créanciers chirographaires du débiteur commun (1). Enfin si le second gage est consenti à l'insu du premier gagiste nanti et si celui-ci se refuse à posséder pour le second créancier, aucun droit de préférence ne naîtra au profit de ce dernier qui ne pourra venir qu'au marc le franc avec les créanciers chirographaires, sur la portion restant disponible de l'objet engagé, le premier créancier désintéressé.

(1) Aix, 21 février 1840. Sirey, 1850, 2, 570.

CHAPITRE VII.

DU NANTISSEMENT DES MEUBLES INCORPORELS SOUS FORME DE VENTE.

Les parties doivent-elles nécessairement déclarer, en termes exprès, qu'elles entendent faire un contrat de gage ou peuvent-elles dissimuler le contrat sous les apparences d'une vente ?

Mais d'abord quand y aura-t-il nantissement ? Quand y aura-t-il vente ? Les juges du fait décideront souverainement en cette matière suivant l'intention des parties.

En admettant alors que la dissimulation soit reconnue, le nantissement sera-t-il annulé ? D'après MM. Aubry et Rau (1) cette décision s'impose au juge et nous adoptons cette opinion. Le gage en effet n'entraîne pas, comme la vente, la transmission de la propriété ; les tiers ont intérêt à ce que les formalités du nantissement soient observées, formalités destinées à paralyser les fraudes et à leur faire connaître le droit de préférence qui leur sera opposé. En pareil cas, la simulation porte donc par elle-même atteinte aux garanties légales établies en faveur des autres créanciers du débiteur commun ; c'est une raison bien suffisante pour ne pas la tolérer.

M. Troplong et, après lui, M. Pont enseignent cependant la validité d'un nantissement ainsi déguisé, en se fondant sur la décision analogue que la jurisprudence et nombre d'auteurs donnent pour les donations déguisées sous la forme d'un

(1) MM. Aubry et Rau, tome IV, page 703, texte et note 13.

contrat à titre onéreux et pour le nantissement par simple endos des effets négociables. Nous repoussons bien facilement cette analogie, en souscrivant ni à l'une ni à l'autre de ces opinions. Mais en les prenant même pour démontrées, l'induction qu'ils en tirent ne nous paraît pas concluante ; dans la donation comme dans la vente, la propriété est toujours transférée et peu doit importer aux tiers, en général, le mode par lequel cette mutation se produit. Quant aux effets négociables, pour lesquels l'endossement suffit tout à la fois au transfert-cession et au transfert-nantissement, les motifs tout spéciaux sur lesquels s'appuie la jurisprudence ne sauraient être invoqués ici. Concluons donc que ce nantissement déguisé sous forme de vente n'est pas valable.

Cependant la jurisprudence admet le nantissement déguisé sous forme de vente lorsque toutes les formalités requises par les articles 2074, 2075 et 2076 sont observées. Il paraît difficile, en pareil cas, de ne pas valider le nantissement quand il sera démontré, comme dans les espèces sur lesquelles la Cour de cassation a eu à se prononcer, que le nantissement était de telle nature qu'il ne pourrait être constitué qu'avec les formes de la vente (1). Mais, hormis ce cas, où la vente n'est admise que parce qu'elle est la seule forme possible du nantissement nous considérons comme nul tout gage dissimulé sous forme de vente.

(1) *Requêtes* 23 juillet 1844. Dal. 1844, 1, 350 et *Requêtes* 2 juillet 1856, *J. Pal.* 1856, 2, 353.

CHAPITRE VIII.

EFFETS DU CONTRAT DE GAGE DANS LA PÉRIODE QUI S'ÉCOULE ENTRE LA FORMATION DU CONTRAT ET L'ÉCHÉANCE.

§ 1. Le créancier est un dépositaire : conséquences.
§ 2. Droit de rétention.
§ 3. Le créancier doit veiller à la conservation de la chose engagée. — Actions du créancier pour les dépenses qu'a occasionnées le gage.

Les articles 2074, 2075 et 2076 nous ont indiqué les modalités nécessaires à la perfection du contrat de gage.

La sûreté réelle promise au créancier par le contrat a pris naissance. Jusqu'à l'échéance le créancier n'a qu'à laisser sommeiller sa garantie ; si à cette époque l'obligation principale n'est pas remboursée, c'est alors qu'apparaîtra toute l'utilité du gage.

Pendant cette période qui s'écoule du jour de la formation du contrat au jour de l'échéance, aucune obligation n'incombe au débiteur, aussitôt qu'il a satisfait à sa promesse par la livraison de l'objet engagé au créancier. Celui-ci est donc bénéficiaire du contrat unilatéral ; tenu, par conséquent, de certains soins à l'endroit de l'objet sur lequel le propriétaire dessaisi ne peut plus veiller. Nous sommes donc amenés à rechercher à quel titre détient le gagiste et quels sont les devoirs que lui impose cette possession.

L'article 2079 nous indique le caractère de cette possession, la précarité, en faisant du créancier gagiste un simple dépositaire, et l'article 2080 noue fait connaître de quelles obligations il est tenu. Nous allons donc étudier successivement ces deux articles et leurs corollaires en tant qu'ils ont trait aux meubles incorporels.

§ 1. *Le créancier est un dépositaire. Conséquences.*

A. Le créancier ne peut user du gage. — *B.* L'article 2081.— *C.* Extension de 2081 aux choses frugifères. — *D.* Questions de prescription.

Aux termes de l'article 2079, le créancier gagiste n'est qu'un dépositaire ; jusqu'à l'expropriation, si elle se produit, le débiteur reste propriétaire de l'objet engagé. Si l'article 2078 n'avait pas précisé les conditions dans lesquelles cette expropriation devait avoir lieu, il eût pu être supprimé, car il est d'évidence que le créancier gagiste, n'étant pas propriétaire, n'a aucun droit pour disposer du gage. Sa possession est limitée par le but auquel elle tend : garantir le paiement de la créance principale en assurant la publicité du contrat. Aussi le gage, à la différence de tous les autres droits réels accompagnés de la possession, usufruit, servitude, superficie, ne confère-t-il au titulaire aucune faculté d'usage ou de jouissance.

Il est souvent arrivé cependant que ce principe essentiel du gage contenu dans l'article 2079 n'a pas été respecté et qu'on a qualifié de nantissement une convention dans laquelle le créancier gagiste a le droit de disposer de la chose qui lui est remise en garantie, sauf à rendre une chose de même nature. Cette convention est parfaitement valable, car elle n'a rien de contraire aux lois, mais elle ne constitue pas un contrat de gage. Il arrivera souvent que la difficulté portera sur le point de savoir si les parties ont fait une pareille convention ou si elles ont fait un nantissement; c'est une question d'interprétation de leur volonté. Est-ce la convention innommée? le créancier pourra disposer de la chose ; est-ce un gage? le créancier commet, s'il en dispose, un abus de confiance. La question, on le voit, mérite d'être examinée de près.

La convention dont nous parlons se présente assez fréquemment dans les opérations des Banques de crédit. Voici comment elle intervient : des valeurs sont déposées en nantissement des avances consenties par un banquier; celui-ci, dans l'usage, entend devenir propriétaire et se considère comme seulement tenu de rendre à l'emprunteur, payant à échéance, des valeurs de même espèce. Pareille convention résultera évidemment d'un écrit et sera parfaitement licite. Mais peut-elle résulter aussi de pratiques usitées en banque? Des titres nominatifs, par exemple, sont engagés et le banquier a exigé une procuration en blanc; il ne semble pas douteux en ce cas que cette procuration ayant pour but de permettre au banquier de vendre à son gré, le débiteur ait consenti à ce qu'il lui soit restitué seulement des titres de même nature. Ou bien ce sont des valeurs au porteur que le débiteur a mises en gage et dont il a retiré un reçu ne constatant que le nombre et la nature des effets, sans indication des numéros, sans les spécialiser en un mot; l'intention de laisser le banquier disposer des titres paraît-elle suffisamment manifestée chez le débiteur? Des auteurs l'admettent (1), mais la jurisprudence se refuse à voir dans cette dernière hypothèse autre chose qu'un nantissement pur et simple, d'où il ne résulte aucun droit de disposition pour le créancier gagiste. C'est la solution qu'a adoptée la Cour de cassation par deux arrêts, l'un de la Chambre criminelle (2), l'autre de

(1) M. Paul Pont, *Petits contrats*, II, n° 1151.

(2) Jugement du tribunal de la Seine du 11 juillet 1861, — Paris, 29 août 1861. — Cass. Ch. crim., 28 décembre 1861. — Douai, 21 avril 1862. — *Journal Palais*, 1862, 785 et les notes.

la Chambre civile (1) rendus dans l'affaire Mirès, arrêts qu'il est intéressant d'analyser.

Directeur d'une Société appelée « Caisse des Chemins de Fer » qui, d'après ses statuts faisait des avances sur dépôts de nantissements, Mirès avait consenti de nombreux prêts, ainsi garantis. Le récépissé qui constatait le gage fourni par le débiteur désignait seulement le nombre et le genre des titres, sans indication de numéros. Les titres furent vendus ; les déposants n'ayant pu se faire rembourser leurs valeurs, poursuivirent Mirès qui fut condamné, pour abus de confiance et escroquerie, à cinq ans d'emprisonnement, par le tribunal civil de la Seine, dont le jugement en appel fut ratifié par la Cour de Paris. Mais l'arrêt ayant été cassé pour vices de forme et déféré à la Cour de Douai, celle-ci prononça l'acquittement. Elle se fondait sur ce que le récépissé ne portant pas de numéros, cela impliquait convention entre les déposants et le prêteur permettant à celui-ci de disposer des titres et de ne rendre que des valeurs de même nature ; la Cour de Douai voyait donc ici non plus un nantissement, mais cette convention très licite dont nous parlions plus haut.

La Chambre criminelle saisie par le procureur général, sur l'ordre du ministre de la justice, cassa cet arrêt pour ce motif que la Caisse des chemins de fer faisait « des avances sur nantissement » ; que, par suite, les emprunteurs sur gage formaient nécessairement, à moins de clause contraire, le contrat que les statuts indiquaient, c'est-à-dire un contrat de nantissement qui prohibait toute disposition par le créancier des objets engagés ; qu'en opposant vainement que les récépissés dans la colonne affectée à la désignation des titres n'énonçaient pas les numéros, se contentant d'indiquer leur nombre et leur nature ;

(1) Ch. civ., 26 juillet 1865. *J. Pal.*, 1865, 1067 et les notes.

que cette omission ne suffisait pas pour changer le caractère de la convention puisqu'elle n'était accompagnée d'aucune explication qui pût en fixer le sens..... que la situation n'était nullement modifiée par cette hypothèse admise par la Cour de Douai d'un compte courant existant entre les parties.....

Un arrêt de rejet de la Chambre civile de la Cour de cassation statua dans le même sens. La question cependant n'était pas exactement la même. L'arrêt ne se préoccupe pas de savoir quelle est la valeur légale de la convention qui autorise le banquier à disposer des effets, à lui remis en nantissement, puisque cette convention n'était pas intervenue entre les parties ainsi que le déclarait l'arrêt de la Cour de Paris, juge souverain du fait, sur le pourvoi duquel intervint l'arrêt de rejet; mais il décide que l'abandon de tout droit de propriété ne saurait résulter du seul fait du dépôt de titres en nantissement, car nul ne renonce tacitement à sa propriété ; qu'au cas où une ouverture de comptes courants comprenant, d'une part, les avances faites par le banquier et, d'autre part, les remises de valeurs déposées par le débiteur des avances, il n'est pas de l'essence de ce contrat que le déposant se dépouille de la propriété des valeurs par lui fournies en garantie ; que c'est seulement quand le débiteur ne paie pas à échéance que le gage peut être vendu avec les formalités établies par la loi.

Quoi qu'on ait prétendu, il n'y a aucune différence de doctrine entre ces deux arrêts ; tous deux admettent que la convention autorisant le prêteur à disposer des valeurs engagées, est licite, mais au cas seulement où l'intention du déposant est certaine. On a dit que la Chambre criminelle ne permet cette convention que si elle est « expresse », tandis que la Chambre civile la ferait découler de l'intention certaine des parties. C'est une erreur, puisque la Chambre civile prend soin de dire qu'elle n'a pas à s'occuper de cette convention, la Cour d'appel, juge de l'intention des contractants, ayant déclaré qu'elle n'existait pas dans l'espèce. On ne peut donc lui reprocher une doctrine sur laquelle elle ne s'est pas prononcée.

Il arrive assez souvent que de convention entre un banquier et un débiteur un compte courant est garanti par des effets au porteur et qúe le banquier a le droit de disposer de ces valeurs, sauf à en représenter de semblables au règlement du compte, si ce compte se trouve créditeur. La convention, comme nous l'avons vu, pour n'être pas un nantissement, est parfaitement valable, seulement il sera utile d'établir expressément cette convention pour que le juge du fait ne puisse voir un simple nantissement dans l'intention des parties, car le banquier en ce dernier cas commettrait un abus de confiance, en disposant des valeurs gagées.

A. Le créancier ne peut user du gage.

Du principe que le gage n'est qu'un dépôt aux mains du créancier résulte cette conséquence qu'il ne peut en user (article 1930 du Code civil), et ici tout usage sera un abus et entraînera la sanction de l'article 2082 : ouverture pour le débiteur de l'action en restitution du gage et perte irréparable pour le créancier de son privilège. C'est ce que le tribun Gary a formellement dit dans son discours au Corps législatif (1) rattachant à tort, il est vrai, cette disposition de l'article 2082 à l'obligation qui contraint les créanciers à veiller à la conservation de la chose, car usât-il de cette chose avec les soins les plus vigilants d'un bon père de famille, le créancier n'en perdrait pas moins sur la réclamation du débiteur et la possession et le privilège.

(1) Locré, t. XVI, p. 42.

B. L'article 2081.

Au reste cet « abus » ne peut guère se présenter que pour les meubles corporels ; on ne voit pas quel usage le créancier peut faire d'un meuble incorporel en dehors de l'exception que la loi elle-même apporte dans l'article 2081 en décidant que si « la créance engagée porte intérêts, ces intérêts seront imputa- « bles sur les intérêts de la dette et même sur le capital, si la « dette ne porte point d'intérêts ». Il s'établit donc une compensation entre ces intérêts et ceux de la dette pour sûreté de laquelle le gage a été constitué, et, au cas où les intérêts de la dette sont inférieurs à ceux de la créance engagée, l'imputation se fait pour la totalité ou l'excédant sur le capital de cette dette. Cette obligation pour le créancier se comprend parfaitement quand on songe que les intérêts se prescrivent par un laps de cinq années, temps pendant lequel le débiteur dessaisi de son titre pourrait avoir des difficultés à les percevoir; par quel moyen en effet pourrait-il contraindre le débiteur de la créance engagée au paiement? le titre est aux mains du gagiste qui serait obligé d'intervenir à chaque échéance d'intérêts. Le législateur a heureusement paré à tout conflit par la signification qui apprend au débiteur de la créance engagée qu'il aura désormais à payer au créancier gagiste capital et intérêts; l'article 2081, d'autre part, oblige le créancier à percevoir ces intérêts et à en tenir compte au débiteur constituant.

Mais là s'arrête le droit du créancier et, en vertu du nantissement, il ne pourrait toucher du débiteur même une portion, si minime qu'elle fût, du capital. Il est bien entendu toutefois que le débiteur peut toujours autoriser le créancier, postérieurement au contrat de gage à toucher les portions exigibles du capital engagé; la créance principale serait à mesure éteinte d'autant. Rien n'empêche même les parties d'introduire une clause de cette nature dans une convention où cette créance est donnée en garantie ; mais ce serait alors, non un gage, mais un contrat innommé ressemblant plutôt à une délégation conditionnelle de créance : seulement cette convention devra être bien claire, car s'il résulte un gage de termes employés elle serait annulée.

L'article 2081 peut être sérieusement critiqué. Les motifs qui ont fait accorder au créancier le bénéfice du recouvrement direct des intérêts ne sont-ils pas identiques pour le recouvrement du capital? Si la créance engagée est de très longue durée il arrivera souvent que les intérêts seront aussi et plus élevés que les remboursements partiels stipulés, et cependant le gagiste pourra toucher les intérêts et non les fractions du capital. Et si la créance est amortissable par annuités, le débiteur devra donc scinder son paiement pour remettre au créancier gagiste la somme correspondant aux intérêts, et accomplir les formalités nécessaires pour déposer le surplus à la Caisse des dépôts et consignations, et cela pour chaque annuité ! On justifie la loi en disant que si le gagiste touchait le capital il arriverait ainsi à disposer du gage, mais n'est-ce pas une confusion ? le gagiste ne dispose pas de la créance ; c'est l'échéance de la dette qui oblige le débiteur à payer, le créancier ne joue, lui, qu'un rôle passif. Nous nous bornons à une critique sans proposer un nouveau système car le texte de l'article 2081 est formel, le capital de la créance ne peut être touché par le créancier.

C. Extension de 2081 aux choses frugifères.

Doit-on limiter l'article 2081 à la simple créance ordinaire ou faut-il l'étendre à tous les droits mobiliers frugifères ? Un littérateur, par exemple, a donné en gage son traité avec un éditeur ; le créancier pourra-t-il seulement faire vendre le droit au bénéfice de l'œuvre, si la dette n'est pas payée à l'échéance ou touchera-t-il le produit annuel par les mains de l'éditeur. Ou bien c'est une rente perpétuelle, une rente viagère qui sont engagées, le créancier percevra-t-il les arrérages ? Ce sont des créances de loyers, fermages, des redevances mobilières de mines, le gagiste sera-t-il fondé à les exiger. Il nous semble que l'on doit faire une distinction. Dans les cas où la perception de ces fruits ou revenus n'emporte pas l'absorption successive du capital on appliquera l'article 2081 ; nous restons ainsi dans l'esprit du contrat de gage qui veut que le capital ne soit pas atteint et reste la propriété du constituant ; ainsi le gagiste toucherait de l'éditeur les produits périodiques de l'œuvre littéraire ; du débit-rentier les arrérages de la rente perpétuelle; du concessionnaire de la mine la redevance mobilière. Mais lorsque les prestations engagées se confondent avec le capital lui-même, comme dans une créance de loyers où chaque terme forme une partie de l'objet engagé, le créancier ne saurait les toucher à titre d'intérêt, son seul droit consistera, à l'échéance de sa dette, à faire vendre les loyers non perçus. La loi défend en effet au créancier de s'approprier le gage, ce à quoi on arriverait ainsi partiellement. Si pareille convention a lieu ce ne sera plus un nantissement, mais une délégation.

Est-ce à dire, comme l'a jugé la Cour de Bourges qu'une telle convention serait nulle (1) ? Et pourquoi ? les conventions sont libres ; nous avons vu que celle-ci particulièrement est très licite pourvu que ses termes soient tels qu'on n'y puisse pas voir un contrat de gage.

Nous avons aussi vu que dans le simple gage, contrat dont tous les effets se produisent entre le créancier et le débiteur

(1) Bourges, 5 juin 1852, Dal. 1854, 2, 125.

seuls, l'article 2081 est applicable, car cet article est une conséquence du dépôt du titre aux mains du créancier, mais n'a aucun rapport avec le privilège du gagiste. La question qu'il résout est celle de savoir seulement lequel du débiteur ou du créancier touchera les intérêts.

D. Question de prescription.

C'est encore par une application des principes de l'article 2079 qui ne fait du créancier qu'un dépositaire que nous décidons que la priorité de la possession du gagiste sera un obstacle insurmontable à ce qu'il prescrive contre le débiteur. L'interversion seule de sa possession, soit par la résistance qu'il opposerait à restituer le gage, soit par la prétention qu'il émettrait d'en être le propriétaire pourrait le mettre en mesure de prescrire.

Si le débiteur acquitte la dette sans retirer le meuble incorporel engagé, la précarité cessera-t-elle, et la cause de la possession sera-t-elle transformée ? De telle sorte qu'au bout de trente ans le créancier aurait prescrit la propriété du gage ? Non, car on ne peut voir une cause venant d'un tiers dans le paiement accompli par le débiteur, ou trouver une contradiction suffisante aux droits du propriétaire dans le fait du créancier de rester en possession. L'action personnelle en restitution se prescrit bien, il est vrai, par trente ans à dater du paiement, mais ne restera-t-il pas au créancier dans notre matière l'action en revendication qui s'applique parfaitement aux meubles incorporels et est imprescriptible (1). MM. Aubry et Rau repoussent cette opinion et admettent la prescriptibilité de l'objet engagé par le créancier pour ces deux motifs que l'action en

(1) M. Paul Pont. *op. cit.*, n° 1116.

revendication n'existe pas en matière mobilière et que la précarité de la possession du créancier ne pourrait s'établir qu'au moyen de l'action personnelle fondée sur l'obligation de restitution, action qui dans notre doctrine se trouve prescrite. Il n'y a pas à répondre au premier motif qui ne porte pas quant aux meubles incorporels ; pour la précarité on nous répond par une question de preuve, mais que nous importe ? Le créancier, nous l'admettons, ne pourra invoquer son action personnelle en restitution désormais prescrite, mais il établira qu'au commencement de sa possession le créancier a possédé précairement (article 2230 du Code civil) et cette précarité, prouvée à l'origine, sera censée avoir continué sauf preuve contraire (2231). En somme le débiteur constituant aura à fournir une preuve facile, celle de la précarité de la possession du créancier à l'origine ; le créancier au contraire ne pourra prouver qu'il a interverti sa possession et succombera sous l'action en revendication du possesseur.

Quant au débiteur il ne pourra non plus invoquer la prescription, si le créancier reste dans l'inaction pendant trente années, car par là même qu'il laisse le gage aux mains du créancier, il reconnaît d'une manière incessante l'existence de la dette.

Enfin de ce que le gagiste n'est que dépositaire résulte encore cette conséquence qu'il ne peut sous-engager l'objet donné en nantissement puisqu'il disposerait ainsi de la chose d'autrui. Si le gage toutefois consiste en un titre au porteur, il y aurait lieu d'appliquer en faveur du sous-gagiste de bonne foi l'article 2279, sauf cependant, dans l'opinion du jugement du tribunal de la Seine ci-dessus relaté, aux juges à admettre dans une mesure qu'ils apprécieraient la responsabilité qui en vertu de l'article 1382 pourrait incomber à celui-ci s'il n'a pas pris les mesures nécessaires pour s'assurer de la propriété du gage en la personne du premier créancier gagiste (1).

§ 2. *Droit de rétention.*

A. Droit réel opposable aux tiers sous les formalités de 2074 et 2075. — *B*. Gage tacite 2082, 2°.

Nous avons placé ce droit dans la deuxième phase du gage, qui s'étend entre sa constitution et l'échéance de la dette parce que c'est généralement pendant cette période que le créancier s'en prévaudra. Par rapport au débiteur constituant, en effet, après l'échéance, ou bien le créancier consentira une prorogation de délai pour le paiement de la dette, et reculer l'exigibilité c'est demeurer dans la seconde période, ou bien il demandera l'acquittement immédiat de la dette et poursuivra la réalisation du gage sans avoir à exciper de son droit de rétention. On peut se figurer un débiteur assez audacieux pour réclamer l'objet engagé avant d'avoir désintéressé le créancier, mais c'est là presque une situation théorique, car la certitude que sa prétention sera repoussée le fera toujours reculer.

Il n'en est pas de même des tiers; sans aucun souci de la créance exigible ou non du créancier gagiste, ils chercheront à saisir l'objet engagé. Vont-ils avoir gain de cause, c'est-à-dire pourront-ils appréhender le gage et le vendre ? Le créancier gagiste pourra-t-il au contraire leur opposer son droit de rétention et conserver jusqu'à complet désintéressement l'objet qui fait sa sûreté ?

(1) Jugement du tribunal de la Seine du 8 juin 1878. Journal le *Droit*, 23 août 1878. Cp. la note sous arrêt : *J. Pal.* 1878, 377.

A. Droit réel opposable aux tiers avec les formalités de 2074 et 2075.

De nombreux auteurs, sans subordonner ici la question à celle de savoir si le droit de rétention, en général, constitue un droit réel opposable à tous, admettent que dans le gage, ce droit concerne uniquement les rapports du créancier et du débiteur (1) et qu'il ne peut avoir aucun effet contre les tiers. En conséquence les tiers, ici les créanciers du débiteur commun, viendraient saisir la chose engagée, la feraient vendre, sans tenir compte de la possession du gagiste et cela, sans avoir à le désintéresser. La vente faite, à celui-ci alors d'exciper de son droit de préférence pour être colloqué le premier sur le prix.

Nous repoussons absolument cette doctrine considérant que le droit de rétention constitue même dans l'article 2082 un droit réel opposable aux tiers. L'objet engagé n'en pourra pas moins être saisi et vendu, mais le créancier gagiste pourra le retenir jusqu'à ce qu'il soit désintéressé.

Nous n'avons qu'à nous occuper du nantissement mobilier, aussi n'entrerons-nous pas dans les controverses sur la nature et l'étendue de ce droit, nous bornant à dire que nous n'en voyons ici le fondement que dans l'équité et la convention des parties. Un gage est fourni pour sûreté d'une créance; même en faisant abstraction de la volonté des parties, l'équité demande qu'il ne soit restitué qu'au moment où la sûreté qu'il représente devient inutile, c'est-à-dire quand la dette est payée. Il ne nous semble pas, comme on l'admet plus généralement, qu'on puisse invoquer ici, pour justifier la rétention, le

(1) MM. Laurent, tome XXVIII, n° 500; — Paul Pont, *op. cit.*, n° 1184; — M. Troplong, n° 458, du nantissement; — Aubry et Rau, tome IV, page 711, n° 434.

principe écrit dans l'article 1184 ; nous ne sommes pas en présence d'un contrat synallagmatique mais de deux obligations, celle du créancier de restituer, celle du débiteur de payer, obligations qui coexistent parallèlement jusqu'à ce que l'une éteigne l'autre par voie de conséquence ; l'une des obligations n'est plus ici comme dans les contrats synallagmatiques la cause de l'autre.

La doctrine qui ne veut voir dans la rétention qu'un rapport de droit entre les contractants s'appuie sur le texte de l'article 2082 « le débiteur ne peut réclamer la restitution »... Cet article résout, dit-on, la question de savoir quand le créancier devra restituer l'objet engagé et il nous apprend que c'est seulement à l'échéance de la dette. Autant dire que les rédacteurs du Code ont écrit une règle absolument inutile. Que cet article n'existe pas ? Soutiendra-t-on que le gage doit être restitué au débiteur avant le paiement ? Si le sens d'un texte ne doit pas être forcé, encore faut-il lui chercher un sens et une portée. L'argument de nos adversaires est excellent pour nous, interprétons cet article par les rapports des parties, c'est-à-dire par leur intention. A quoi ont-elles destiné le gage ? A servir de sûreté au créancier envers tous. Et le droit de rétention du créancier ne serait pas opposable aux tiers ! S'il en était ainsi, le droit de rétention, occasionnant une simple gêne au débiteur, privé de l'objet engagé, aurait pour effet de stimuler celui-ci au paiement, mais constituerait, en somme, une bien mince garantie, puisqu'il disparaîtrait en présence des tiers, c'est-à-dire, au moment où il commence à devenir nécessaire. Or, il n'est personne qui ne reconnaisse au moins que le *jus retentionis* est un droit accessoire, destiné à servir de garantie à la créance.

En faveur de la réalité du droit de rétention du gagiste l'article 547 du Code de commerce nous fournit un argument décisif.

Cet article « n'autorise les syndics de la faillite autorisés par le « juge commissaire à retenir le gage qu'en *remboursant la dette* ». N'est-ce pas établir formellement que le créancier gagiste peut s'opposer à son dessaisissement, si on ne le rembourse au préalable ? A quoi bon ce texte si le créancier gagiste peut être dépossédé et ne peut qu'invoquer un privilège que personne ne lui conteste. Dira-t-on que c'est justement une exception que le législateur veut établir en matière de faillite ? Pourquoi ? Le créancier est donc en pareil cas particulièrement intéressant ? On ne voit pas de différence à établir dans la situation d'un créancier gagiste invoquant son droit de rétention contre la masse d'une faillite, ou bien à l'encontre de créanciers dans une déconfiture par exemple.

La doctrine toutefois qui oppose aux tiers le droit de rétention du gagiste, ne demande pour l'exercice de ce droit aucune des conditions de forme que les articles 2074 et 2075 imposent à la naissance du privilège. Cela nous paraît illogique, car à quoi aboutit indirectement le droit de rétention ? A un véritable droit de préférence. Et si l'on admet que par là même qu'un débiteur aura donné à son créancier un meuble incorporel, celui-ci puisse repousser les tiers, à quoi bon toutes les formalités dans leur intérêt ? Ainsi aucun acte n'est dressé, c'est un simple gage, le créancier n'aura pas de privilège, mais il aura un droit de rétention qui aboutit au même résultat puisqu'on ne saurait lui enlever l'objet engagé qu'après l'avoir entièrement payé. Cette doctrine anéantit d'un trait le contrat de gage. On trouve, il est vrai, des hypothèses, ou plutôt une hypothèse où il servira au créancier d'avoir un privilège, c'est au cas où il se dessaisirait du gage ; le droit de rétention perdu, sans privilège, il n'aurait plus qu'à subir la loi du concours comme tout créancier. Hypothèse toute théorique ! le créancier ne se dess..isira sous aucun prétexte, et sans aucune formalité, sans exécuter la loi, il aura un véritable privilège.

Aussi de deux choses l'une : ou le droit de rétention n'existe que dans les rapports des contractants, et alors on comprend que toute formalité est inutile ; ou bien il est opposable aux tiers, constitue ainsi un droit de préférence, renforce le privilège du gagiste, mais il ne peut être invoqué que si ces tiers sont avertis, si les fraudes que redoute la loi sont paralysées, c'est-à-dire sans l'accomplissement des formalités des articles 2074 et 2075 du Code civil. Voilà les deux systèmes logiques entre lesquels il faut opter. Admettre que sans formalités le droit de rétention est opposable aux tiers, c'est permettre aux parties, de collusion, de créer un gage dans la période suspecte pour une dette antérieurement contractée, de substituer un objet à un autre ; les tiers auront la ressource de prouver la fraude, mais la preuve sera difficile. En dehors des arguments qui nous font repousser l'opinion dans laquelle la rétention n'est qu'un droit limité aux rapports des contractants, nous lui adressons encore un reproche, c'est qu'elle assimile le simple gage, cette opération usuelle, courante, qui consiste à donner lorsqu'on est pris au dépourvu, par exemple, un objet en garantie de sa parole, à un contrat que le code a hérissé de difficultés pour en faire sentir toute l'importance aux contractants ; il nous semble, en conséquence, que ces deux contrats si différents par leurs formes et par l'intention des parties ne peuvent donner exactement au créancier la même sûreté.

B. Gage tacite « 2082 2° ».

L'article 2082 2° suppose que postérieurement à la réunion du gage, le même débiteur a contracté une nouvelle dette, envers le même créancier, et que cette dette est devenue exigible avant le paiement de la première ; dans ce cas, le créancier ne pourra être tenu de se dessaisir du gage avant d'avoir été entièrement payé de l'une et de l'autre dette, lors même qu'il n'y aurait eu aucune stipulation pour affecter le gage au paiement de la seconde. Cette disposition a son origine dans un rescrit de Gordien (loi unique au Code, liv. VIII, t. XXVII. *Etiam ob. chirog. pecuniam*) qui, en passant dans notre Code, a subi un changement considérable, car, en droit romain, la deuxième créance garantie par le gage, pouvait avoir pris naissance avant la mise en gage et être payable avant ou après la première dette. Berlier, dans l'exposé des motifs, nous donne la raison qui a fait édicter cette disposition : « le créan-« cier, dit-il, a déjà pris un gage pour la première dette ; s'il « n'en demande pas pour une seconde qui devra être acquittée « ou avant la première ou en même temps qu'elle, ce sera in-« dubitablement parce qu'il aura considéré le gage dont il est « déjà saisi comme suffisant pour répondre de l'une et de l'au-« tre dette. » C'est bien la pensée qui a présidé à la loi, car elle a encore été développée par Gary, l'orateur du Tribunat, et votée, malgré la vive opposition de Tronchet. L'intention des parties nous donnera donc la mesure de cette disposition. Si le créancier n'a pas demandé un gage pour la seconde dette comme il l'a fait pour la première, c'est qu'il considère que celui dont il est saisi suffit pour assurer le paiement des deux dettes. Un grand nombre d'auteurs prêtent, à ce sujet, au créancier gagiste une intention qui nous paraît invraisemblable. Ils admettent que ce créancier qui n'aura, la plupart du temps, que des notions élémentaires de droit, après avoir demandé un gage, pour garantir sa première créance, parce qu'il se sait en sécurité complète avec le privilège qui résulte, acceptera le même gage pour une créance nouvelle, mais à un autre titre, en se contentant pour celle-ci d'un droit de rétention. Ainsi cette seconde dette aura augmenté l'insolvabilité du débiteur, diminué son actif, c'est alors que le créancier se contenterait d'un simple droit de rétention, une garantie illusoire. Cela nous amène à conclure, en présence des travaux préparatoires et en consultant l'intention des parties, que le gage tacite est muni des mêmes droits que le gage conventionnel dont il n'est que l'extension d'une créance à une autre, que le privilège en un mot garantit les deux créances.

Une dernière remarque : on objecte généralement contre la doctrine précédente que c'est créer un privilège sans l'observation des formalités des articles 2074 et 2075 ; ce reproche n'atteint pas l'opinion que nous défendons, puisque le créancier doit avoir accompli les formalités de ces articles pour posséder un droit de rétention opposable aux tiers.

L'intention des parties sur laquelle repose le commentaire du second alinéa de l'article 2082 nous oblige, pour en juger, à nous placer au moment même où se forme la seconde dette et seulement à ce moment. L'analyse de cette hypothèse va nous fournir la solution d'autres questions : Paul, créancier, a consenti le premier janvier un prêt garanti par un gage, pour trois mois à Pierre, débiteur ; le remboursement doit donc se faire le premier avril. Le vingt-cinq janvier, second prêt consenti par le même créancier au même débiteur, mais pour deux mois seulement, remboursable par suite, le vingt-cinq mars. Voilà le gage tacite; il n'en est pas d'autre. Cependant on soutient, en se basant sur un mot de l'article 2082 2°, le mot « paiement » (si la seconde dette est devenue exigible avant le « paiement » de la première..... dit l'article) que dans le cas où l'exigibilité de la nouvelle dette se place après l'échéance de la première dette, mais avant le paiement de celle-ci, on soutient que le gage tacite s'applique encore. Changeons un peu la seconde partie de notre hypothèse et supposons que le prêt consenti le 25 janvier ait, comme le premier, un terme de trois mois ; il échée, par suite, le 25 avril; à cette époque, il se trouve que la première dette, échue le 1er avril, n'est pas payée; quand le 26 avril le débiteur viendra payer la première dette et réclamer le gage, le créancier se refusera à le lui rendre, sous prétexte qu'il *a prévu* que la première dette ne serait payée qu'après l'échéance de la seconde. Il a bien dû prévoir ce fait, le créancier, puisqu'il est évident que, le jour où il a consenti le second prêt, il ne pouvait le considérer comme garanti par le gage, ce serait manifestement contraire à la loi. Aussi bien, croyons-nous que le mot paiement est dans l'article 2082 2° synonyme d'échéance, d'autant que si le créancier a demandé un gage, c'est qu'il tient à ce que le paiement soit exécuté le jour même de l'échéance.

Les motifs qui ont fait admettre le gage tacite entre le même créancier et le même débiteur, commandent de le rejeter si le gage est fourni par un tiers, car ce tiers étranger à la seconde convention verrait cependant par le gage tacite étendre son engagement à une dette où il n'est pas intervenu. On appliquerait encore la même solution au cas où, toutes les conditions de l'article 2082 2° fussent-elles remplies, la seconde dette appartiendrait au créancier par achat ou succession, car au moment de la formation de la seconde dette, le débiteur était en présence d'un autre créancier, il ne pouvait donc y avoir gage tacite. L'article 2082 2° confirme expressément ces solutions en disant « s'il existait de la part du *même débiteur* envers le *même créancier.* »

La Cour de Rouen a décidé en ce sens qu'un banquier, ayant reçu d'un de ses agents des titres qui avaient été remis à celui-ci par un client en couverture d'opérations de Bourse, ne pouvait retenir ces titres en garantie d'une créance qu'il possédait contre son agent (1).

(1) **Rouen**, 10 juin 1872 ; Dal., 1874, 2, 83.

Le dessaisissement du débiteur le mettant dans l'impossibilité de veiller à la conservation de la chose, il en résulte que ce soin incombe au possesseur, c'est ce que dispose l'article 2080 en donnant au débiteur action contre le créancier, au cas où la chose aurait péri ou eût été détériorée par la faute du créancier. Le créancier étant dépositaire, il semble naturel de lui appliquer l'article 1927 qui ne l'obligerait qu'à apporter à la garde de la chose les mêmes soins qu'à la sienne propre; ce serait une erreur. Pour y ressembler sur plusieurs points, la position du créancier gagiste est cependant bien différente de celle du dépositaire, il ne rend pas un service gratuit, il est donc équitable de lui imposer une diligence plus grande, et c'est dans le texte même de l'article 2080 qu'il faut puiser les éléments de cette responsabilité, celle qui est établie *au titre des contrats et des obligations conventionnelles en général*, c'est-à-dire, celle qui incombe à un bon père de famille. Ainsi ce sera au gagiste à avertir le débiteur que le titre de la créance qu'il possède entre les mains, doit être remplacé par un titre nouvel; que les obligations gagées sont sorties aux tirages de remboursement..... mais, en somme, les obligations du créancier seront peu nombreuses en matière de meubles incorporels.

Le créancier a, de son côté, une action contre le débiteur pour les dépenses utiles et nécessaires que lui a occasionnées la chose engagée; ce sera encore une action dont le créancier ayant un gage des meubles incorporels usera rarement. Bornons-nous seulement à prendre parti pour l'opinion qui ne lui accorde un privilège que pour les impenses nécessaires; l'article 2080 2° donne action aux créanciers pour les dépenses utiles et nécessaires, mais de plus l'article 2102 3° lui accorde en outre un privilège pour ces dernières, voilà la règle.

CHAPITRE IX.

EXTINCTION DU GAGE DES MEUBLES INCORPORELS.

§ 1. Droit de vente. — § 2. Pacte commissoire. § 3. Le privilège.

§ 1. *Droit de vente.*

A. Quid si le créancier a un titre exécutoire ? — *B*. Quid des titres négociables à la Bourse ?

L'échéance est arrivée, le débiteur paie, le créancier gagiste remet l'objet qui lui avait été donné en nantissement, la créance principale est éteinte, il ne peut plus être question de gage.

Mais si les prévisions qui ont engagé le créancier à demander une sûreté réelle se sont réalisées, si le débiteur est dans l'impossibilité de payer, c'est alors que le créancier va invoquer les droits que lui confèrent le nantissement, droit de vente et droit de privilège.

Au cas où le créancier bienveillant veut consentir à repousser l'échéance de la dette, ce résultat pourra être obtenu par deux moyens différents. Il se contentera de ne pas poursuivre, usant seulement de son droit de rétention et toutes choses restant en état. Ou bien il fera renouveler au débiteur l'obligation principale, mais en prenant bien garde qu'il n'en résulte pas une novation de l'ancienne obligation, car le gage deviendrait inefficace. Dans la pratique notariale on fait souvent une prorogation de délai de l'obligation pour prêt, aucune novation n'est alors à redouter. Il en est de même d'un billet négociable renouvelant un billet antérieur, mais on fera bien cependant, pour éviter toute difficulté, de causer la garantie sur le second billet. Ou bien encore le contrat de gage sous-seing privé pourra être remplacé par un acte authentique.....

En général le gage n'a pas été demandé par le créancier que pour parer à l'insolvabilité du débiteur, mais aussi pour avoir la certitude d'un remboursement à échéance. Ainsi à défaut de paiement à cette époque, poursuivra-t-il la réalisation de la créance engagée pour se payer ensuite par compensation. C'est le droit de vente que l'article 2078 lui accorde mais seulement avec certaines conditions. « Le créancier ne peut pas disposer « du gage, sauf à lui à faire ordonner en justice que ce gage « lui demeurera en paiement et jusqu'à due concurrence, « d'après une estimation faite par experts ou qu'il sera vendu « aux enchères ; toute clause qui autoriserait le créancier à « s'approprier le gage sans les formalités ci-dessus est nulle. »

La disposition en théorie est excellente, le créancier ne doit pas pouvoir s'approprier le gage, dont la valeur dépassera presque toujours la dette. « Le gage, dit Berlier, est un contrat « favorable en tant qu'il procure du crédit au débiteur, en « offrant au créancier une garantie pour l'exécution de l'enga- « gement, il deviendrait odieux et contraire à l'ordre public, « si son résultat était d'enrichir le créancier en ruinant le débi- « teur » (1). Et prévoyant qu'on ne manquerait pas d'objecter que le recours à la justice, étant fort onéreux, le débiteur pourrait souffrir, en fin de compte, de tout l'intérêt qu'on lui témoignait, Berlier ajoute : que le « principe d'une vente sous ces « conditions était bon, mais qu'il fallait pourvoir seulement à « ce que la demande en justice fût simple et peu dispen-

(1) Locré, *Exposé des motifs*, t. VIII, p. 99.

« dieuse. » Cette espérance que Berlier manifestait le 22 Ventôse an XII, trois années avant la confection du Code de procédure, a été assez mal réalisée, et les modifications dont ce Code a été l'objet ne sont pas suffisantes pour que les critiques que l'on pouvait alors faire à Berlier n'aient plus de raison d'être.

Le créancier devra donc s'adresser à la justice quand il voudra vendre le meuble incorporel engagé.

A. Quid si le créancier a un titre exécutoire ?

Cependant on a soutenu que dans un cas le créancier pourra se dispenser de s'adresser à la justice, c'est lorsqu'il possèdera un titre exécutoire. Il restera alors, dit-on, dans le droit commun en faisant vendre directement le gage, mais à la charge de procéder comme en matière de saisie-exécution, c'est-à-dire qu'il aura à faire un commandement un jour au moins avant la saisie. Nous repoussons cette opinion qui prive le débiteur du terme de grâce qu'à notre sens les tribunaux ont toujours le droit d'accorder, malgré un titre authentique et exécutoire.

Le créancier autorisé par le tribunal conserve-t-il le meuble incorporel, pour se payer jusqu'à due concurrence, il devient propriétaire à ses risques et périls de ce que l'expertise ordonnée par l'article 2078 lui attribue, c'est-à-dire d'une partie du meuble incorporel, ou d'un certain nombre de ces meubles si ce sont des titres engagés, représentant le montant de la créance garantie ; le surplus sera restitué au débiteur.

Le créancier poursuit-il la vente aux enchères ? il tiendra compte au débiteur de la différence qui peut exister entre le prix et le montant de la dette. La vente a lieu au comptant suivant les formes prescrites par les articles du Code de procédure.

B. Titres négociables à la Bourse.

Si le gage cependant consiste en titres ou valeurs dont la négociation ne peut être faite qu'à la Bourse ou par le ministère d'un agent de change, ce mode de réalisation sera suivi par le créancier. Il offre d'ailleurs toutes les garanties que désire l'article 2078 (1). Le créancier même ne pourra s'y soustraire, car l'arrêté du 17 Prairial an X et l'article 76 du Code de commerce exigent que les effets publiés soient vendus à la Bourse. Mais cette législation spéciale ne dispense pas le créancier de la nécessité d'une ordonnance de justice.

Il ressort de l'article 2078 que le créancier doit nécessairement s'adresser à la justice devant laquelle il produira soit la demande alternative d'appropriation de la chose jusqu'à due concurrence ou de vente aux enchères, soit l'une ou l'autre de ces demandes, en usant de l'option que le texte lui accorde. Au premier cas le juge choisira le moyen de réalisation du gage qui lui semblera préférable pour l'intérêt des deux parties, au second cas il ne pourra qu'adjuger au créancier le bénéfice de ses conclusions. Si le meuble incorporel engagé est d'une évaluation facile, ainsi d'une créance solide sur une Société, ou sur un débiteur solvable, le gagiste conclura à ce qu'attribution lui en soit faite jusqu'à due concurrence. Il ne recourra au contraire à la voie dispendieuse des enchères que si la créance est d'une valeur douteuse.

C'est au tribunal civil que l'article 2078 attribue cette juridiction, aussi a-t-il été jugé avec raison, dans une espèce où l'urgence n'était pas manifeste, qu'était nulle l'ordonnance de référé qui ordonnait la vente du gage (2).

(1) Paris, 13 janvier 1854 ; *J. Pal.* 1854, page 13.
(2) Paris, 3 octobre 1839 ; Dal., 40, 2, 6.

Quant aux formes à suivre, de nombreux auteurs pensent que le gagiste devra procéder par voie de saisie-exécution. Nous préférons l'opinion qui repousse ce moyen de procédure, car la vente du gage n'est pas une vente forcée et ce n'est que dans ce cas que le Code de procédure ordonne la voie de saisie-exécution.

§ 2. *Pacte commissoire.*

La loi sanctionne la disposition par laquelle elle oblige le créancier à s'adresser à la justice, en frappant de nullité toute clause qui l'autoriserait à disposer du gage. Les motifs de cette prohibition sont clairement indiqués par Berlier. « Le créancier, « dit-il, fait la loi à son débiteur ; celui-ci remet un gage dont « la valeur est ordinairement supérieure au montant de la « dette... Et s'il ne peut payer au terme convenu, et que le « gage devienne, sans autre formalité, la propriété du créancier, « un effet précieux n'aura souvent servi qu'à acquitter une « dette modique (1). » Et Gary, l'orateur du Tribunat affirme encore cette doctrine en disant que la loi dans cette disposition veut réprouver « ce que les Romains appelaient *pacte commis-* « *soire*, convention injuste et usuraire contre laquelle Justinien « s'était élevé avec tant de force... (2). »

Ainsi le but de la loi est bien clair : avec une sollicitude peut-être exagérée de l'intérêt du débiteur, elle annule toute clause dans laquelle le créancier serait autorisé à disposer du gage. Il semble toutefois que la formalité de la vente aux enchères eût été suffisante pour sauvegarder tous les intérêts, car la publicité était ainsi assurée et la chose aurait eu toute chance d'être réalisée à son plus haut prix en même temps que les frais

(1) Locré, t. XVI, page 26.
(2) Locré, t. XVI, page 41.

de justice étaient écartés. Cette convention est même si favorable au débiteur qu'on est arrivé à tourner la loi, en ne l'établissant que postérieurement au contrat de gage. Notre Code ne défend, en effet, comme le disait Gary, que le pacte commissoire, c'est-à-dire, celui qui intervient au moment même de la formation du contrat principal pour permettre au créancier de réaliser le gage sans ordonnance de justice. Cependant quelques auteurs résistent à laisser aux parties la faculté de faire une pareille convention pendant la période qui sépare la naissance du contrat de nantissement du terme fixé pour l'échéance de la dette, car ils estiment, non sans raison, que le débiteur est toujours sous la loi du créancier qui peut obtenir de lui des concessions, en le menaçant de le poursuivre impitoyablement, s'il ne rembourse pas à l'échéance. Mais cette considération sérieuse, il est vrai, n'est cependant pas suffisante pour porter atteinte à la liberté des conventions; d'autant plus que rien ne prouve que le débiteur subisse encore après le contrat de nantissement une contrainte morale. Puis cette contrainte ne peut-elle pas encore subsister après l'échéance, terme après lequel les partisans de la doctrine que nous combattons admettent la validité du pacte commissoire. Enfin ce système étendrait une nullité, ce qui est contraire à l'esprit de nos lois.

La jurisprudence, s'inspirant de la crainte que le créancier ne puisse peser sur la volonté du débiteur, assimile au pacte commissoire causé dans le contrat de nantissement celui qui n'intervient que postérieurement à ce contrat.

Cependant elle admet, ce qui a été formellement déclaré, du reste, lors de la discussion de la loi, que le créancier peut consentir au débiteur la vente de l'objet engagé postérieurement au contrat de nantissement (1). Mais elle autorise, de

(1) Requêtes 21 et 22 mai 1855 ; Dal. 1855, 1, 279.

plus, le débiteur postérieurement au contrat de nantissement à se libérer envers le créancier en le payant avec la chose donnée en gage ; n'est-ce pas valider le pacte commissoire qui interviendrait à ce moment puisqu'il n'a d'autre effet que de repousser au moment de l'échéance la dation en paiement que l'on considère comme valable *hic et nunc ?*

L'opinion que nous défendons et qui est celle de la liberté des conventions, toutes les fois qu'une règle du Code n'est pas venue la restreindre, est certainement la manière la plus large d'interpréter l'article 2078. La jurisprudence par faveur pour ce contrat de crédit a admis bien souvent des solutions encore plus libérales mais qui paraissent faire brèche à la loi.

C'est ainsi qu'elle permet de remplacer l'expertise judiciaire par l'expertise amiable, malgré la loi qui demande d'une façon formelle une expertise judiciaire. Qu'elle soit faite par les magistrats eux-mêmes, lorsque la valeur du gage est facile à déterminer, comme pour une valeur cotée à la Bourse, nous n'y contredisons pas, mais qu'une clause du contrat oblige les parties à une estimation amiable, n'est-ce pas en somme écarter l'intervention absolument nécessaire de la justice (1) ?

Enfin elle admet encore que le créancier muni d'un titre exécutoire n'est pas obligé de demander préalablement pour la vente du gage l'autorisation de justice (2).

En résumé la jurisprudence ne suit pas une théorie sur ce sujet et ses décisions paraissent surtout dictées par des considérations d'équité, suivant les cas où l'application de l'article 2078 est en jeu.

En pratique on fait peu de cas de la disposition de l'article 2078. La jurisprudence considère qu'un prêt est com-

(1) Dalloz, année 1867, 1, 33, la note.
(2) Dalloz, *Jur. gén.*, au mot nantissement, n° 174.

mercial lorsque l'une des deux parties contractantes est commerçante. Partant de ce principe la plupart des Sociétés qui font des avances sur titre, pour ne pas dire toutes, au moment où le débiteur dépose ses titres, en garantie des fonds qui lui sont avancés, lui font souscrire un engagement aux termes duquel il consent à ce qu'à défaut de paiement à l'échéance, et huit jours après une simple signification, la Société fasse procéder à la vente des titres donnés en nantissement. C'est là une pratique vicieuse, car on arrive ainsi à transporter dans le droit civil les règles destinées seulement au droit commercial ; c'est encore une pratique dangereuse car, si la Cour de cassation se rangeait à l'opinion de la majorité des auteurs qui ne considère un emprunt comme commercial qu'en raison de la destination commerciale de l'argent prêté, il en résulterait que le plus grand nombre des engagements souscrits à ces Sociétés par leurs débiteurs seraient nuls en ce qu'ils ont de contraire à l'article 2078.

§ 3. *Le privilège.*

A. Droit de suite : 1° Quant aux choses incorporelles en général. — 2° Quant aux rentes sur l'Etat. — 3° Quant aux titres au porteur.

Le droit de beaucoup le plus important que le contrat de gage confère au créancier est le privilège au moyen duquel il sera remboursé de l'obligation principale restée impayée. Le droit de rétention sera, en effet, inefficace si le débiteur est insolvable ; et le droit de vente n'est qu'un moyen pour le créancier d'arriver à faire valoir son privilège. — Depuis l'époque de la formation du contrat de gage à l'endroit du débiteur ; à partir du moment où les formalités des articles 2074, 2075 et 2076 ont été remplies à l'encontre des tiers, la chose donnée en gage devient débitrice parallèlement au débiteur. Le droit du créancier porte sur elle sans intermédiaire, c'est un *jus in re*, droit réel de préférence attaché à la possession de la chose. C'est ce que nous indique l'article 2102, n° 2, en nous disant qu'est privilégiée : « la créance sur gage dont le créancier est saisi ». Aussi ce fait de la possession est-il capital avant lequel le privilège quoique en germe dans le contrat n'est pas viable, après lequel le privilège s'évanouit sans retour. Ces principes s'appliquent exactement, sous les formes spéciales de possession qui leur sont propres, aux meubles incorporels.

On répète assez volontiers qu'il y a entre ce privilège et les autres privilèges énumérés par l'article 2102 une différence profonde en ce sens qu'il n'est pas attaché comme les autres à la qualité de la créance. L'idée est-elle bien juste ? Et ne sont-ils pas au contraire intimement liés au même principe tous ceux au moins qui découlent de l'idée de gage. Entre la créance privilégiée du bailleur sur les meubles garnissant les lieux loués, de l'hôtelier sur les objets apportés dans son hôtel, du voiturier sur les objets transportés par lui et celle du gagiste sur l'objet du nantissement, il n'y a que la différence entre une convention tacite mais certaine et une convention expresse.

L'existence simultanée de ces diverses créances prévilégiées amènera souvent des conflits entre les titulaires de ces créances. Comme il n'y a dans ce sujet rien de particulier à signaler touchant les meubles incorporels, bornons-nous à les classer suivant l'opinion la plus générale : les frais de justice, s'ils ont profité au gagiste, puis les privilèges spéciaux, parmi lesquels le privilège du gagiste passera avant celui même du vendeur du meuble si le gagiste a ignoré comment le meuble était entré dans le patrimoine de son débiteur.

A. **Droit de suite quant aux choses incorporelles en général.**

De son droit réel de privilège résulte pour le créancier gagiste un droit corollaire, le droit de suite. Le gagiste pourra donc en principe suivre l'objet qui lui a été remis en gage entre les mains du tiers possesseur. Cependant il paraît s'élever ici une difficulté; il existera ainsi deux actions en revendication l'une appartenant au propriétaire, l'autre au créancier gagiste. Mais cela n'a rien qui doive étonner, le gagiste, ayant un droit réel sur la chose, doit nécessairement avoir une action réelle à l'encontre de tout possesseur. Seulement l'exercice en est paralysé, quant aux meubles corporels, par l'article 2279, sauf le cas ou un meuble de cette nature ayant été perdu par le gagiste ou lui ayant été volé il peut le revendiquer pendant trois années.

Cet article 2279 n'est plus applicable au contraire aux choses mobilières incorporelles ; l'action en revendication reste entière pour le créancier gagiste, et c'est en vain que pour la repousser, le détenteur voudrait se faire un titre de sa possession. Les formes des meubles incorporels les placent en dehors de la situation pour laquelle cet article a été établi et qui consiste à favoriser les transactions des meubles transmissibles de la main à la main, sans écritures, objets corporels dont pour tous, par suite, la possession se confond avec la propriété. Pour les meubles incorporels tout autre est leur situation : leur transport en nantissement ou en propriété exige des formalités plus rigoureuses; la possession du titre ne donne pas la possession de la créance; aucun signe extérieur ne peut par équivalence de la possession des meubles corporels en attester la propriété.

Cette doctrine qui écarte des meubles incorporels l'application de l'article 2279 est appliquée d'une façon constante par la Cour de cassation, malgré la résistance de certaines Cours d'appel. En supposant donc que le titre constatant le droit mobilier engagé, passe aux mains d'un tiers, par une circonstance fortuite, ce tiers poursuivi par le gagiste sera condamné à restituer. Cela a été jugé à plusieurs reprises par la Cour de cassation dans des espèces où il s'agissait, il est vrai, de cession de créances, mais que nous pourrons par analogie appliquer au nantissement. Ainsi, dans un arrêt de la Cour de cassation, ce principe est appliqué aux rentes foncières (1). La Cour de Bruxelles s'est décidé dans le même sens pour des livrets de caisse d'épargne (2) : cet arrêt établit que si pour une cause quelconque un livret tombe aux mains d'un tiers la possession n'en pourra être invoquée par le détenteur pour toucher les sommes déposées ; pareille conclusion s'impose dans l'hypothèse où un livret de caisse d'épargne aurait été donné en gage, puis serait passé aux mains d'un tiers ; le gagiste pourrait le revendiquer.

1° Droit de suite quant aux rentes sur l'Etat.

Les rentes nominatives sur l'Etat ne peuvent donner lieu à ces difficultés. En vertu de la loi spéciale et toujours en vigueur du 28 Floréal an VII, le créancier gagiste doit conserver son droit réel par une immatriculation à son nom, avec énonciation de ses qualités. S'il néglige cette formalité et que le titulaire de la rente, son débiteur, consente une cession ou un gage ultérieur, le second cessionnaire (ou gagiste) n'aura rien à redouter lorsque le cédant l'aura saisi en signant la déclaration de transfert sur le registre établi à cet effet par le directeur du grand livre. (Décret du 13 Thermidor, an XIII, article 1er.)

(1) Cass., 14 août 1840. Dal., *Rép.* au mot Prescription, n° 700.
(2) Bruxelles, 5 juillet 1843 : Laurent, XXXII, n° 567.

2° Droit de suite quant aux titres au porteur. Loi de 1872.

Mais les motifs qui ont fait admettre que la possession vaut titre à l'égard des meubles corporels s'appliquent à toute la la classe des titres au porteur, droits incorporels cependant, mais dont la transmission en pleine propriété s'opère par la simple remise de main en main. Aussi comprend-on que le possesseur puisse victorieusement fonder sa propriété sur la seule détention de ces titres.

Plusieurs hypothèses peuvent se présenter, qu'il faut elles-mêmes sous-distinguer.

A. Le créancier gagiste sait quel est le possesseur du titre.

1° Si nous supposons que ces titres sont parvenus aux mains d'un tiers sans qu'ils aient été perdus ou volés et que ce tiers soit de bonne foi, c'est-à-dire, les ait reçus d'une personne qu'il croyait propriétaire; le gagiste ne peut plus user de la revendication, les titres sont définitivement acquis au possesseur. On peut supposer, comme hypothèse, que les titres étaient aux mains d'un tiers détenteur pour le gagiste et le propriétaire des titres et que ce tiers a commis un abus de confiance en cédant les titres ou en les donnant en nantissement.

2° Ou bien ces titres volés au créancier gagiste ou perdus par lui, sont depuis plus de trois ans aux mains du tiers possesseur, l'action en revendication du gagiste ne sera plus recevable qu'en prouvant la mauvaise foi du tiers au moment où il les a reçus (1).

3° Ou encore le gagiste se trouve dans le délai de trois ans pendant lequel l'article 2279 lui accorde la revendication pour les titres volés ou perdus; il agira alors victorieusement contre le possesseur même de bonne foi.

(1) Cass., 5 déc., 1876 : *J. Pal.*, 1877, p. 510.

B. Le créancier gagiste ignore quel est le possesseur des titres engagés dont il a été dépossédé par un événement quelconque; soit par perte ou vol, soit par abus de confiance du tiers qui les détenait en son nom. La loi du 15 juin 1872 est venue à son secours en organisant un système de publicité, destiné à empêcher que ces titres ne soient négociés à son préjudice. Ce système consiste en des actes d'opposition signifiés et portés à la connaissance de tous les intéressés par un bulletin quotidien. D'après l'article 11, le gagiste opposant est parfaitement garanti contre toute négociation postérieure au jour où le bulletin est parvenu ou aurait pu parvenir par voie de la poste dans le lieu où elle a été faite. En pareil cas le créancier gagiste aura donc toutes chances de recouvrer les titres après l'accomplissement des formalités de la loi.

Mais si les titres ont subi plusieurs transmissions avant la publication de l'opposition, l'article 14 de la loi du 15 juin 1872 dit qu'il n'est pas « dérogé aux prescriptions de l'article « 2279 » et en pareil cas le créancier gagiste devra prouver que le possesseur entre les mains duquel les titres sont retrouvés était de mauvaise foi au moment où il les a reçus par la connaissance des oppositions formées à la suite du vol ou de la perte (1).

Nous avons ainsi terminé l'étude du gage des meubles incorporels en droit civil. Après avoir parcouru les exceptions que des dispositions postérieures au Code ont apportées au droit commun, nous rechercherons si la théorie du Code est encore en harmonie avec le crédit nécessaire aux meubles incorporels, cette partie de beaucoup la plus considérable de la fortune mobilière.

(1) Cass., 5 déc. 1876 ; *J. Pal.*, 1877, 510, et la note de M. Bourguignat.

DROIT COMMERCIAL

INTRODUCTION

En commentant les dispositions qui, dans le droit civil, forment le titre du gage, nous avons exposé le droit commun. Il nous reste maintenant à préciser les exceptions qui ont été introduites par des lois postérieures au Code dans le but de le modifier ou de le compléter, à mesure que cela devenait nécessaire pour le besoin du commerce. Depuis que la facilité des communications a donné au mouvement commercial une activité que les rédacteurs du Code ne pouvaient soupçonner au commencement du siècle, la pratique avait souvent apporté des modifications profondes à la loi civile. Le législateur comprenant l'urgence de règles nouvelles sanctionna ces exceptions : c'est ainsi que furent successivement votées la loi autorisant la Banque de France à consentir des prêts sur dépôts, loi dont le bénéfice fut étendu au Crédit Foncier ; les lois créant les comptoirs et sous-comptoirs d'escompte et de garantie, les magasins généraux, et, enfin, la loi du 23 mai 1863, la plus importante en ce qu'elle s'inspire des précédentes et forme une section du Code de commerce.

Nous allons donc successivement examiner dans ces lois l'engagement des meubles incorporels ; les développements qui précèdent sur le gage en matière civile nous permettront de traiter rapidement ces sujets où nous nous bornerons à détailler les points qui forment exception au droit commun. Notre but est de montrer seulement la supériorité des lois commerciales pour en tirer la conclusion qui terminera ce travail.

L'article 2084 du Code civil nous fournit dans ses termes la transition du droit civil au droit commercial. « Les dispositions ci-dessus, nous dit-il, ne sont applicables ni aux matières de commerce, ni aux maisons de prêt sur gage autorisées et à l'égard desquelles on suit les lois et règlements qui les concernent.» Les rédacteurs du Code comprenaient donc bien, malgré l'importance restreinte du commerce à cette époque, que les règles restrictives du Code civil ne pouvaient s'appliquer au crédit commercial qui nécessite une réalisation rapide et des formes faciles.

Mais avec le Code de commerce l'espoir des commerçants fut déçu ; deux articles seulement visaient une hypothèse particulière (articles 93 et 94 anciens), mais pas une seule disposition promise par l'article 2084. Il fallait bien appliquer le Code civil dans la pratique du gage commercial ; de là des controverses et des variations nombreuses dans la jurisprudence et la doctrine. Rappelons pour mémoire que M. Troplong soutenait que, malgré le silence du Code de commerce, l'article 2084 dans sa première partie excluait les règles du Code civil sur le gage en matière commerciale, que par conséquent c'était non aux articles 2074 et 2075 du Code civil qu'il fallait rechercher les modes de constitution du gage commercial, mais à l'article 109 du Code de commerce : la jurisprudence après avoir pendant quelque temps consacré ce système revint aux principes qui veulent que la loi fondamentale soit écrite au Code civil toutes les fois que le droit commercial ne contient pas de dispositions contraires. C'est le même principe qui a fait dire dans les travaux préparatoires de la loi du 23 mai 1863 que les règles du droit civil s'appliqueraient pour tout ce que les dispositions nouvelles ne changeaient pas.

CHAPITRE Ier.

FORMES DE LA CONSTITUTION DU GAGE COMMERCIAL.

L'article 91 du Code de commerce résout d'abord la question de savoir dans quel cas il y aura lieu d'appliquer au gage les nouvelles dispositions de la loi de 1863 : « Le gage constitué, soit par un commerçant, soit par un individu non commerçant, pour un acte de commerce se constate à l'égard des tiers comme à l'égard des parties contractantes, conformément aux dispositions de l'article 109 du Code de commerce. » Le gage ne sera donc pas commercial parce qu'il sera constitué par un commerçant débiteur, mais quand il garantira un acte de commerce. L'idée qui domine est que la dette doit être commerciale du côté du débiteur, peu importe que celui-ci soit ou non commerçant.

Ainsi l'opération ne doit être examinée que sous une de ses faces, par rapport au débiteur. Dans le projet du gouvernement il n'en était pas ainsi, le gage ne bénéficiait des dispositions nouvelles que s'il était constitué par un commerçant. Mais l'article 1er du Code de commerce qui définit ce que c'est qu'un commerçant, donnant lieu à des controverses, on craignit qu'elles trouvassent un aliment nouveau dans l'intérêt que les tiers auraient ici à contester le privilège du créancier gagiste et on modifia l'article 91 pour en faire une application du principe *accessorium sequitur principale.*

Ainsi donc lorsqu'une personne contracte chez un banquier un emprunt garanti par un gage, les dispositions de la loi de 1863 ne sont autorisées par la constitution de cette sûreté, qu'à condition que la somme empruntée soit employée pour le commerce. M. Jules Favre demanda comment le prêteur pourrait s'assurer de l'emploi commercial des espèces (1) et on lui répondit que ce soin était laissé à sa vigilance. Il sera donc prudent, en pareil cas, pour le banquier d'exiger de l'emprunteur un écrit constatant que les fonds empruntés sont destinés à un but commercial. En pratique, cette reconnaissance n'est presque jamais demandée par le prêteur, la jurisprudence décidant que le prêt est commercial pourvu que l'une ou l'autre des parties soit commerçante.

Il n'est pas sans importance toutefois de savoir si le débiteur est commerçant ou non, car l'article 638 du Code de commerce présume la commercialité de l'acte si le débiteur est négociant, tandis que la présomption est, au contraire, renversée si le débiteur est un simple particulier. Cette remarque a sa valeur, même dans l'opinion de jurisprudence, dans le cas où le prêteur n'est pas un commerçant.

L'article 91 du Code de commerce a rompu avec le Code civil en ce qu'il ne distingue plus la condition de validité du gage exigée entre les parties et celles exigées vis-à-vis des tiers. La législation antérieure à 1863 avait soulevé de nombreuses réclamations, à cause des règles lentes et compliquées du Code. On faisait remarquer que si la rédaction d'un écrit enregistré empêchait au failli de constituer un gage pendant la période suspecte (article 446 du Code de commerce), rien ne mettait obstacle à ce qu'il commît cette fraude en remplaçant le gage par une vente. Et cependant, pour économiser le temps et les frais, le législateur du Code de commerce n'a pas entouré ce contrat des formalités protectrices de la fraude. Et M. Vernier traduisait cette idée en disant (1) : « Entraver les conventions utiles et honnêtes pour empêcher le dol de s'y introduire, n'est

(1) *Moniteur* du 5 mai 1863.
(1) Rapport de M. Vernier au Corps législatif. Dal. 1863, 4, 76.

plus l'œuvre de notre temps. » Du reste la régularité avec laquelle les écritures commerciales sont tenues, supprime en partie les dangers de fraude.

Le gage se constatera donc par tous les modes de preuve de de l'article 109 : par actes publics, par acte sous signature privée ; par le bordereau ou arrêté d'un agent de change ou courtier, dûment signé des parties ; par une facture acceptée ; par la correspondance ; par les livres des parties, par la preuve testimoniale dans le cas où le tribunal croira devoir l'admettre ; modes auxquels il faut ajouter l'aveu et le serment, les présomptions de l'homme ou de la loi.

Ces moyens de preuves s'appliquent surtout en pratique, aux meubles corporels, mais aussi aux titres au porteur.

§ 1. *Titres au porteur.*

L'article 91 ne s'explique pas formellement sur leur mise en gage, mais le premier alinéa de l'article embrasse tous les meubles corporels et incorporels. Les développements que nous avons donnés au sujet de ces titres nous dispensent de nous étendre sur ce point. Nous avons déjà dit que M. Cornudet, dans l'exposé des motifs, les assimilant à des objets corporels, montra qu'aucune disposition spéciale n'était nécessaire pour indiquer le mode de leur impignoration : « La « propriété des titres au porteur est transmissible..... par la « seule tradition, comme la propriété d'un meuble, d'un bijou, « conformément aux dispositions de l'article 109 ». Le § 1 de l'article 91 leur est donc applicable.

Il n'y a lieu d'appliquer ces règles qu'au gage commercial ; les titres au porteur garantissant une obligation civile resteront soumis à toutes les formalités des articles 2074 et 2075.

§ 2. *Valeurs négociables.*

« Le gage à l'égard des valeurs négociables peut aussi être établi par un endossement régulier, indiquant que les valeurs ont été remises en garantie ». Tel est le second alinéa de l'article 91. — La première partie de l'article 91, en établissant, en principe, que la forme au moyen de laquelle on transmet la propriété peut servir à constituer le gage, nous eût amené à cette solution ; mais, pour couper court à toutes difficultés, les rédacteurs de la loi de 1863 l'ont écrite en termes exprès. Une négligence de rédaction fait désigner les valeurs dont s'agit comme négociables ; c'est « endossables » qu'il eût fallu dire, car des titres peuvent être négociés qui ne sont pas susceptibles de transmission par endossement ; le mot « négociable » est trop large.

L'endossement pour indiquer la nature du droit du créancier gagiste et réserver le droit du propriétaire, mentionnera que les valeurs ont été remises en garantie. Il n'y a pas de formule sacramentelle ; la meilleure sera celle qui fera le mieux ressortir la situation des deux parties. On se sert généralement des formules suivantes :

Payez à l'ordre de. . . . . à titre de garantie de la somme de. . . . . exigible le. . . . . valeur reçue comptant.

Paris, le . . . . . (Signature)

Ou bien :

Payez à l'ordre de M. . . . . la somme de . . . valeur en garantie.

Paris, le . . . . . (Signature)

L'endossement doit être régulier, c'est-à-dire être daté, exprimer la valeur fournie, énoncer le nom de celui à l'ordre de qui il est passé (article 137 du Code de commerce) et enfin être signé malgré le silence de l'article 137.

Un simple endossement laisserait trop indécise la question de savoir si l'on a voulu transférer la propriété ou donner seulement un gage ; aussi en pareil cas les tribunaux ont-ils décidé que le titulaire de l'endos ne saurait prétendre qu'il n'est pas cessionnaire mais simplement créancier gagiste (1).

Si l'endossement est irrégulier il ne vaudrait aux termes de l'article 138 que comme procuration.

On a contesté la validité de la seconde formule ci-dessus, comme n'exprimant pas suffisamment la valeur reçue, conformément aux articles 110 et 137. Mais elle est admise par la loi de 1858 sur les magasins généraux ; enfin l'usage l'avait consacrée avant la loi de 1863 qui ne l'a pas prohibée. Remarquons, du reste, que dans la cession comme dans le nantissement par endos, pareil fait peut se produire d'une somme reçue inférieure au montant du titre cédé.

Les termes dont se sert l'article 91 2° impliquent que l'endossement n'est qu'un mode nouveau de preuve n'excluant en aucune manière les autres modes admis en matière commerciale: « le gage, à l'égard des valeurs négociables peut *aussi*... » M. Vernier ne nous laisse aucun doute sur ce point : « le § 2 de « l'article 91 n'était peut-être pas nécessaire, dit-il, car, en « admettant que le gage constitué en valeurs négociables pourra « être prouvé par un endossement régulier, indiquant une « remise à titre de garantie, il n'a guère fait qu'une application « de l'article 107 du Code de commerce. »

De ce qu'il est porteur du titre, il en résulte pour le créan-

(1) Lyon, 8 août 1873. *J. Pal.* 1874, 473, et la note.

cier gagiste l'obligation de ne pas laisser encourir de déchéance si le gage est un effet de commerce. A l'échéance il devra donc le présenter et le faire protester le lendemain, si l'endos ne porte pas de garantie de diligence.

§ 3. *Titres nominatifs.*

L'article 91 3° dispose que « à l'égard des actions, des parts « d'intérêts et des obligations nominatives des Sociétés finan- « cières, industrielles, commerciales et civiles, dont la trans- « mission s'opère par un transfert sur les registres de la « Société, le gage peut également être établi par un transfert à « titre de garantie inscrit sur lesdits registres. »

Nous avons encore ici un mode de preuve ajouté à ceux de l'article 107 du Code de commerce, auquel il y a lieu d'appliquer les mêmes observations que pour les valeurs endossables : la généralité des termes de l'alinéa 1er nous eût permis de l'admettre si le législateur ne l'avait expressément indiqué.

Si donc les Compagnies n'autorisent pas sur leurs registres les transferts à titre de garantie, comme l'Etat et la Banque de France, dans ce cas le titre sera transféré purement et simplement au nom du prêteur afin qu'il puisse le faire vendre, s'il n'est pas payé à échéance. Au moyen d'une reconnaissance remise au débiteur, le créancier gagiste reconnaît sa qualité ; ainsi les droits respectifs des parties sont garantis. Avant la loi de 1863 cette reconnaissance devait aux termes de l'article 2074 être enregistrée ; depuis cette loi cette convention pourra être établie par la preuve commerciale.

Il semble alors que l'utilité du transfert à titre de garantie soit bien secondaire ! L'avantage de cette opération consiste dans l'exemption du droit de transmission de cinquante centimes pour cent francs auquel les transferts sont assujettis, en vertu de l'article 4 du règlement d'administration publique du 27 juillet 1857, fait pour l'exécution de la loi du 23 juin précédent.

Le projet de loi ne s'occupait que des actions et des obligations et c'est sur la demande du conseil d'Etat que les parts d'intérêts ont été mentionnées. Il ne fait pas doute, du reste, qu'on les eût comprises dans le 3e alinéa de l'article 91, car ce sont, en somme, des actions « représentant seulement, dit « M. Vernier, une autre division de l'intérêt social que celle « qui existe entre les actionnaires. C'est la part d'intérêt que « les fondateurs d'une Compagnie s'attribuent entre eux avant « la mise en actions. »

Les actions sont les mises des associés donnant lieu à des bénéfices variables, et participant aux pertes. Les obligations représentent des emprunts faits à des tiers, véritables créanciers, qui ont droit à un intérêt invariable et fixé à l'émission, intérêt à un tant pour cent de l'argent avancé.

§ 4. *Créances à forme civile.*

« Il n'est pas dérogé, dit l'article 91 4° aux dispositions de « l'article 2075 du Code civil en ce qui concerne les créances « mobilières dont le cessionnaire ne peut être saisi à l'égard « des tiers que par la signification du transport fait au débi- « teur. » Ainsi pour ces créances ce sera non-seulement l'article 2075 mais aussi l'article 2074 qu'il faudra appliquer : acte authentique ou sous-seing privé enregistré, contenant la mention de la somme garantie et la description du gage, signification au débiteur du titre engagé toutes les fois que cette formalité sera possible.

C'est un renvoi pur et simple aux règles du Code civil : cette disposition a été édictée pour la sécurité du créancier gagiste.

Le rapport de la commission met parfaitement en lumière la nécessité de ce retour au droit commun. Comment le débiteur serait-il averti de l'engagement de sa créance sans la signification ; il pourrait en payant son créancier, le constituant, faire évanouir la sûreté du gagiste. Enfin ce gage est peu important en notre matière ; il sera rare et par suite ne nuira guère au crédit commercial.

Si l'utilité de la signification est incontestable, la nécessité de l'acte public ou sous-seing privé enregistré ne s'impose pas à première vue et l'on comprendrait que tous les modes de preuves de l'article 109 aient pu servir à constater la convention intervenue entre les parties. Cependant il était utile de maintenir l'écrit, car, d'après l'article 23 de la loi du 22 Frimaire an VII, l'enregistrement d'un acte sous-seing privé est indispensable quand il est relaté dans un acte authentique, et le contrat de nantissement devant être reproduit en tête de l'exploit de la signification, ce contrat devait donc préalablement être enregistré.

CHAPITRE II.

MISE EN POSSESSION DU CRÉANCIER GAGISTE.

L'article 92 reproduit mot pour mot dans sa première partie l'article 2076 du Code civil. M. Vernier dit à ce sujet : « Les « principes de l'article 2076 sont tellement dans l'essence du « gage, qu'on aurait peut-être pu éviter de les rappeler dans « le § 1 de l'article 92 ; mais en les affirmant de nouveau d'une « manière précise, les auteurs du projet ont eu la louable

« intention de les mettre en regard de la possession fictive ou « de convention dont on est bien obligé de se contenter, quand « il s'agit de marchandises volumineuses ou encombrantes... »

Ces explications, comme on le voit, se réfèrent aux meubles corporels, mais la généralité des termes de l'article 92 nous oblige à appliquer les mêmes règles de possession qu'au Code civil, avec toutes les qualités : la possession sera donc certaine, notoire, de nature enfin à avertir les tiers. Nous renvoyons sur ce point aux explications que nous avons données à l'article 2076. La vérité est que l'opération du gage malgré le législateur et la jurisprudence demeure absolument secrète au moins pour les meubles incorporels. Cette soi-disante publicité est toute théorique, et quand les tiers invoquent, pour écarter le privilège du gagiste, qu'une mise en possession insuffisante n'a pas publié le gage, ils excipent ainsi de l'inexécution d'une formalité qui, exécutée, ne leur aurait rien appris. Cela n'a, du reste, à notre avis qu'une importance très secondaire parce que les créanciers qui traitent avec le débiteur en suivant sa foi, doivent s'attendre aux diminutions de son patrimoine, à eux, s'ils ont des craintes, à demander aussi des sûretés spéciales.

La dépossession n'en a pas moins une utilité incontestable mais pour le créancier, en ce qu'elle met le débiteur dans l'impossibilité de consentir frauduleusement à un tiers de bonne foi une cession ou un nantissement postérieurs, s'il s'agit de titres au porteur. Elle confère, de plus, au créancier le droit de rétention et le droit de recouvrer les effets donnés en gage. Enfin au premier créancier nanti elle donne le privilège, si le débiteur de mauvaise foi a consenti plusieurs engagements de la même chose.

L'article 92, § 2, prévoit seulement un cas spécial de possession afin « d'effacer une controverse à laquelle donnait lieu l'ancien article 93 dont les expressions limitatives, interprétées dans un sens restrictif, avaient fait penser que le privilège ne pouvait atteindre des marchandises déposées à la douane ou dans un navire. » Nous omettons à dessein les explications que comporte ce point en dehors de notre sujet.

Le silence de l'article 92 quant à la possession des choses incorporelles nous indique que le législateur de 1863 n'a pas voulu déroger au droit commun ; cette possession sera réalisée par la remise du titre quel que soit la forme de la valeur.

Cependant on a soulevé une difficulté à propos du titre nominatif. En vertu de la loi de 1863 le transfert en garantie suffit à constituer le gage ; on s'est demandé si le créancier n'était pas ainsi suffisamment nanti sans remise du titre, et on l'a soutenu (1). Cette opinion n'est pas généralement admise, parce que si le débiteur continuait, comme par le passé, à détenir le gage, ce gage deviendrait pour lui la cause trompeuse d'un crédit immérité en égarant les tiers sur sa véritable situation. Enfin l'article 92 dit « dans tous les cas le privilège en subsiste.....» après avoir parlé dans l'article précédent du mode nouveau d'engagement de ce titre.

CHAPITRE III.

DROITS DU CRÉANCIER GAGISTE.

§ 1er — *Avant l'échéance.*

Le dernier alinéa de l'article 91 donne au gagiste le droit de recouvrer les effets de commerce qui lui ont été donnés en gage.

(1) M. Bedarride, page 528.

Cette disposition a pour but de lever les doutes qu'aurait pu concevoir le souscripteur d'un effet de commerce sur la validité du paiement qu'il aurait à faire à l'échéance entre les mains du créancier gagiste. Cette faveur est rigoureusement limitée aux effets de commerce, créances qui sont payables le jour même de l'échéance sinon qui doivent être protestées le lendemain. L'article 91 *in fine* s'imposait donc pour permettre au débiteur de payer avec sécurité aux mains du créancier gagiste; car l'hésitation qu'il aurait pu avoir à payer à une autre personne que le titulaire de l'effet entraînant un retard eût motivé un protêt. C'est là non-seulement un droit pour le gagiste, mais c'est aussi une obligation pour lui et si, par négligence, il laissait tomber de date le protêt et faisait ainsi évanouir le recours contre les endosseurs de l'effet, il en serait responsable vis-à-vis de son débiteur.

Lorsque le montant de l'effet est égal à la dette garantie, toutes obligations sont éteintes. La valeur de l'effet est-elle supérieure ou inférieure, il en résultera un règlement de compte entre les parties dans lequel le gagiste sera créancier chirographaire pour l'excédant de la dette ou débiteur pour l'excédant de l'effet de commerce touché.

Ce droit est le seul que l'article 91 donne au créancier gagiste, le législateur s'en référant pour le reste aux règles du droit civil. Le créancier jouira donc, en outre, du droit de rétention, du droit de gage tacite, du droit de toucher les intérêts de la créance engagée, sauf à lui à les imputer sur la dette.

Remarquons que l'opinion que nous avons émise sur le droit de rétention s'appliquera toujours en notre matière quand il s'agira des créances « signifiables » de l'article 91 3°. Entre les parties contractantes le droit de rétention existera par le seul fait de la remise du titre au créancier, avant que celui-ci ait rempli aucune des formalités des articles 2074 et 2075, mais il ne sera pas opposable aux tiers. A partir du moment où les formes des articles 2074 et 2075 auront été observées le droit de rétention deviendra opposable aux tiers, c'est-à-dire à tous créanciers ou ayants-cause du débiteur commun. Cette distinction toutefois ne peut plus s'appliquer pour les autres espèces de gages commerciaux puisque les mêmes modes constatent le droit de gage avec le privilège et la rétention qui en résultent, aussi bien à l'égard des tiers qu'à l'égard des parties contractantes.

§ 2. — *A l'échéance.*

Aucune disposition du Code de commerce ne s'occupe des droits du créancier à cette époque, à part l'article 93 qui a trait à la réalisation du gage. Il faut donc encore sur ce point revenir aux règles du Code civil.

1° Le créancier, en vertu de l'article 2080 2° répétera les impenses utiles et nécessaires qu'il a pu faire pour la conservation du gage ; nous avons déjà vu que cet article serait d'une application rare pour les meubles incorporels.

2° Il a un privilège sur le prix de la vente de l'objet engagé, soit qu'il fasse vendre lui-même le gage, soit qu'il le laisse saisir par les autres créanciers.

Pour faire valoir ce privilège un moyen spécial de réalisation lui est ouvert par la loi de 1863, article 93, § 1, dont voici le texte : « A défaut de paiement à l'échéance, le créancier peut « huit jours après une simple signification faite au débiteur et « au tiers bailleur du gage, s'il y en a un, faire procéder à la vente « publique des objets donnés en gage. » Etant donné le but que poursuivaient les rédacteurs de la loi de 1863, simplification des formes du gage, économie dans les frais et célérité de l'opération, il était nécessaire qu'ils pourvussent à une exécution rapide de ce contrat. En veillant avec un soin jaloux aux intérêts du débiteur, la procédure lente du Code civil impose au créancier une réalisation difficile du gage, et les frais de justice très élevés absorbent quelquefois une partie de la valeur de l'objet engagé. C'est ce qu'exprimait M. Vernier, rapporteur de la Commission. « L'article 2078 a voulu protéger le débiteur contre ce qu'on appelle le pacte commissoire, mais cette protection, organisée avec tant de soin, qui place la justice entre le créancier et le débiteur au moment où le gage doit être réalisé, n'a-t-elle pas dépassé un peu le but ? Et si le gage a été si peu pratiqué dans le passé, ne doit-on pas en voir, jusqu'à un certain point, la cause dans la difficulté opposée au créancier pour son remboursement. En voulant protéger le débiteur on a donc entraîné le créancier et, par suite, condamné la convention sur gage à un rôle tout à fait secondaire dans le crédit. L'alinéa premier de l'article 92 a donc une extrême importance. »

Le créancier gagiste n'est plus obligé de recourir aux tribunaux pour réaliser le gage, s'il n'est pas payé à échéance. Un acte extra-judiciaire, un exploit d'huissier suffit pour mettre le débiteur en demeure de payer, et si satisfaction ne lui est pas donnée dans les huit jours, le créancier fera vendre le gage. Les intérêts des parties seront ainsi heureusement sauvegardés; le débiteur peut-être oublieux ou négligent n'est pas puni de son retard, et huit jours lui sont même accordés pour satisfaire à son obligation ; le créancier est assuré de son côté du remboursement de sa créance à quelques jours près, surtout s'il a prévu le retard que pourrait apporter au paiement la rapide réalisation du gage et l'époque du remboursement est dans le commerce presque aussi importante que le remboursement lui-même; pour cette date, en effet, le créancier, débiteur lui-même d'autre part, aura souscrit des engagements qu'il compte éteindre au moyen de sa créance garantie par le gage.

Dans la discussion de la loi de 1863 tout le monde était à peu près d'accord pour écarter l'article 2078 ; le mode de vente proposé était aussi généralement admis; on ne différait d'avis que sur un point, le délai à accorder au débiteur. La proposition de M. Dalloz de le porter à un mois fut heureusement rejetée, car on serait ainsi retombé dans les lenteurs que l'on voulait éviter pour la réalisation du gage. On se préoccupe toujours par un sentiment honorable mais exagéré de la situation particulièrement intéressante, trouve-t-on, du débiteur, sans songer que le créancier est souvent lui-même débiteur et attend le paiement de sa créance pour rembourser sa propre dette. Huit jours sont au reste bien suffisants au débiteur pour se mettre en mesure; « ce délai, disait M. Vernier, a, au surplus, « un précédent dans la loi de 1858 qui peut rassurer complète- « ment sur ses effets. »

La loi de 1863 ne faisait que suivre la voie tracée par la loi de 1858. « Nous rappelons, disait le rapporteur, que la Banque « de France, le Crédit Foncier, les comptoirs d'escompte et « les sous-comptoirs, jouissent de cette faculté, à titre d'excep- « tion, et d'une manière plus rigoureuse encore pour la Banque « et le Crédit Foncier, puisque ces derniers établissements « peuvent faire vendre le gage dès le lendemain de l'échéance, « sans sommation. La disposition que nous proposons de géné- « raliser est empruntée à la loi sur les warrants : tout créancier « gagiste, porteur d'un warrant endossé à son profit est en « possession du droit de faire exécuter le gage par vente pu- « blique, sans autorisation de justice et huit jours après une « signification au débiteur ».

La signification a été faite, les huit jours sont écoulés, comment le créancier va-t-il procéder à la vente ? C'est ce que nous apprend l'article 93, § 2 : « Les rentes autres que celles dont

« les agents de change peuvent seuls être chargés, sont faites « par le ministère des courtiers. Toutefois, sur la requête des « parties, le président du tribunal de commerce peut désigner, « pour y procéder, une autre classe d'officiers publics. Dans « ce cas, l'officier public, quel qu'il soit, chargé de la vente, « est soumis aux dispositions qui régissent les courtiers, rela- « tivement aux formes, aux tarifs et à la responsabilité. »

Cette disposition est excellente en ce qu'elle concilie tout à la fois avec l'intérêt général, c'est-à-dire la facilité du crédit, les intérêts particuliers du créancier, du débiteur et des tiers.

Quelles critiques peut-on en effet adresser à la loi ? La réalisation n'est pas tellement rapide que le débiteur ne puisse, dans les huit jours qui lui sont accordés, trouver, s'il peut le faire encore, les ressources suffisantes pour empêcher la vente du gage. A un autre point de vue le débiteur y gagnera même, car le créancier, sûr d'être payé à une échéance qu'il peut calculer d'une façon précise, sera moins exigeant pour le taux des intérêts.

La signification garantit que le débiteur est averti de la vente prochaine, et la publicité dont la vente est entourée assure que la chose sera poussée à son plus haut prix par la liberté et la chaleur des enchères.

Quant aux tiers « ils sont sauvegardés par l'obligation d'une « vente publique qui, d'une part, en raison de la publicité « même, avertit les tiers intéressés et leur fournit les moyens « d'aviser, pour se protéger s'il y a lieu, et, d'autre part, avec « les développements que les ventes publiques paraissent appe- « lées à prendre de plus en plus dans notre pays, et que pro- « voque la législation actuelle, assure à la réalisation du gage « les conditions les plus favorables. » M. Vernier, on le voit, malgré l'importance que les meubles incorporels avaient acquise en 1863, s'attache à défendre la loi comme si elle était surtout créée pour les objets corporels. Le point de vue, peut-être un peu étroit où il se place, se justifie cependant dans une certaine mesure, par cette raison que la plupart des titres engagés seront vendus par le ministère spécial des agents de change, en dehors de la vente aux enchères dont parle le rapporteur. A part les gages corporels, en effet, il n'est que les créances ordinaires, celles soumises aux formalités du Code civil, et les valeurs non cotées à la Bourse qui seront ainsi vendues par le ministère des courtiers.

Il faut donc distinguer deux sortes de ventes : 1° Celles dont le monopole est réservé aux agents de change ; ce monopole consiste dans la négociation des effets publics et autres valeurs cotées à la Bourse ou susceptibles de l'être ; telles que les valeurs d'Etat, les actions de Sociétés financières et industrielles, les actions et obligations de chemins de fer (article 76 du Code de commerce) ; la garantie de publicité existe pour ces ventes telle que la demande l'article 93, § 1, car la Bourse est ouverte à tout le monde et le cours des effets publics y est affiché dans un bulletin quotidien.

2° Toutes les autres ventes qui seront alors faites par l'intermédiaire de courtiers « inscrits ». Les courtiers ne se tiennent que dans les grands centres commerciaux, aussi l'article 93 autorise-t-il les parties à adresser une requête au président du tribunal, qui désigne alors pour procéder à la vente, un autre officier public : commissaire-priseur (mais seulement pour les ventes d'objets corporels), notaire, greffier de justice de paix, huissier. Et comme le but de la loi a été de restreindre autant que possible les frais de vente, le § 2 de l'article 93 ajoute que dans ce cas « l'officier public chargé de la vente est soumis aux « dispositions qui régissent les courtiers, relativement aux « formes, aux tarifs et à la responsabilité ». — Les formes sont celles prescrites par les articles 21 et 22 du décret du

12 mars 1859 : rédaction d'un catalogue des objets à vendre et apposition d'affiches. Un décret du 4 septembre 1863, intervenu par conséquent depuis la loi qui nous occupe, fixe à cent francs le minimum de la valeur des lots pour les marchandises engagées. — Les tarifs : en vertu de la loi du 28 mai 1858, article 4, les courtiers ont droit à un émolument qui varie de 1/2 à 1 1/2 pour cent sur le montant du prix de vente; ce droit de courtage est fixé pour chaque localité par un tarif du ministre du commerce. Le droit d'enregistrement de leurs procès-verbaux est fixé à 10 centimes par 100 francs, plus le double décime et demi, soit 12 centimes 1/2 pour 100 francs. — Quant à la procédure par laquelle on parvient à la réalisation du gage elle est réglée par la loi du 28 mai 1858.

Le créancier nanti d'un gage commercial a-t-il le droit d'user du bénéfice de l'article 2078 en faisant ordonner par justice que le gage lui demeurera en paiement et jusqu'à due concurrence d'après une estimation faite par experts ? La question est aujourd'hui douteuse et la Cour de Toulouse (1), s'appuyant sur ces motifs : que le législateur a voulu faire une loi qui se suffise à elle-même et qu'il l'a substituée au droit civil sur tous les points où elle a donné une décision ; que de plus l'article 93, *in fine*, reproduit une partie de l'article 2078 sans reproduire l'autre partie, qu'en conséquence la loi civile est ainsi exclue ; qu'enfin le but même de la loi, la réalisation rapide du gage contraint le créancier à procéder selon l'article 93..., a décidé que le gage commercial ne pouvait être réalisé que dans les formes de la loi de 1863. Ces raisons sont sérieuses et méritent d'être prises en considération ; aussi, tout en n'admettant pas cette doctrine de la Cour de Toulouse et en accordant au créancier le droit de ne pas user du bénéfice que

(1) Toulouse, 27 juillet 1852. Dal. 73, 2, 230.

lui accorde l'article 93, ce ne sera qu'à condition que les frais qui en résulteront pour le débiteur ne soient pas supérieurs à ceux qu'auraient produits la vente aux enchères. Notre solution est fondée sur les travaux préparatoires de la loi de 1863 qui réservent expressément l'application du droit civil dans le silence de la nouvelle loi.

L'article 93, *in fine*, reproduit littéralement la prohibition du pacte commissoire déjà formulée à l'article 2078 du Code civil. Nous nous en référons sur ce sujet aux explications que nous avons données précédemment. Nous ferons seulement remarquer que cette disposition précise la portée que la loi de 1863 accorde au transfert et à l'endossement de garantie. Après la vente aux enchères de la créance, le gagiste cèdera l'effet au cessionnaire par l'un de ces moyens, mais il lui est interdit de faire, avant comme après l'échéance, une cession amiable.

Exceptions au droit commun en matière de gage des meubles incorporels en faveur de certains établissements de crédit.

Dès avant la loi commerciale du 23 mai 1863 les règles du Code civil avaient paru si insuffisantes pour le prêt sur gage que des lois spéciales furent créées au profit d'un certain nombre d'établissements de crédit priviligiés. Ces établissements sont la Banque de France, les Comptoirs d'escompte, les sous-Comptoirs de garantie, le Crédit foncier.

Banque de France.

La Banque, en terme général, est un office de circulation pour les capitaux sous toutes leurs formes.

Cette définition ne peut s'appliquer à la série des opérations beaucoup plus restreintes qu'on demande à la Banque de France ; mais ce qu'elle ne fait pas directement, elle le fait indirectement, car elle est la source principale où puisent les Sociétés financières.

C'est un établissement public et privilégié soumis à la surveillance de l'Etat ; seule elle a le privilège d'émettre des billets dits de « banque à vue et au porteur ».

Parmi les nombreuses opérations qu'elle fait, figure le prêt sur gage ; c'est ce qu'on appelle en pratique : *avances sur dépôts.* Ces dépôts sont de lingots ou de monnaies d'or et d'argent (1). A leur sujet deux particularités sont à signaler : ils ne donnent lieu à aucun droit de garde (2) et le récépissé qui les constate est transmissible par extrait sur un registre ; il peut aussi être à ordre. Ce récépissé contient : 1° les noms et domicile du déposant ; 2° la date du dépôt ; 3° le montant de la somme prêtée ; 4° la déchéance du droit du déposant et la nullité du récépissé à défaut de remboursement à échéance. Cette dernière clause n'a pas pour but de dire qu'en pareil cas la Banque s'appropriera le dépôt, ce qui serait contraire à l'article 2078 du Code civil. Il faut entendre par là que le déposant ne pourra plus retirer le dépôt sur simple remise du récépissé ; il sera tenu, ou de faire sommation à la Banque de lui restituer le dépôt contre remboursement des avances et paiement des droits de garde, ou de la mettre en demeure de faire vendre le dépôt et de lui restituer l'excédant.

Nous n'avons indiqué ce nantissement de meubles corporels qu'à cause de la forme toute spéciale du récépissé ; passons

(1) Article 20 du décret du 16 janvier 1808.
(2) Statuts de la Banque du 2 septembre 1830, art. 40.

maintenant aux opérations de la Banque qui concernent notre sujet.

Un décret du 26 janvier 1808 autorisait la Banque à faire des avances sur les effets publics français qui lui étaient remis en recouvrement, sous la condition qu'ils fussent à échéance déterminée (art. 16). La loi du 17 mai 1834, article 3, a supprimé cette condition, de sorte que la Banque peut prêter sur tous nos effets publics à échéance fixe ou non.

Puis, successivement, cette faculté de prêter sur dépôts, fut accordée à la Banque sur les actions et obligations de chemin de fer par décret du 3 mars 1852 ; sur les obligations de la ville de Paris, décret du 26 mars 1852 ; et sur les obligations émises par le Crédit foncier de France, en vertu de la loi du 9 juin 1857, art. 7.

L'ordonnance du 15 juin 1854 établit pour le dépôt de ces titres une législation spéciale en dehors des formes prescrites par le Code civil : le déposant emprunteur souscrit, en vertu de l'article 3 de cette ordonnance envers la Banque de France, l'engagement de rembourser dans un délai qui ne pourra excéder trois mois, les sommes qui lui auront été fournies, et cet engagement contient de sa part l'obligation de couvrir la Banque du montant de la baisse qui pourrait survenir dans le cours des effets engagés, toutes les fois que cette baisse atteindra 10 pour cent.

Faute par l'emprunteur de satisfaire à l'engagement qu'il a souscrit, la Banque aura le droit de faire vendre à la Bourse par le ministère d'un agent de change tout ou partie des effets engagés, savoir : 1° à défaut de couverture (c'est le cas de baisse des titres), trois jours après une simple mise en demeure par acte extra-judiciaire ; 2° à défaut de remboursement dès le lendemain de l'échéance, sans qu'il soit besoin de mise en demeure, ni d'aucune autre formalité.

Sur le produit net de la vente la Banque se rembourse du montant de ses avances en capital, intérêts et frais; l'excédant, s'il y en a, est remis à l'emprunteur.

Cet engagement est en outre souscrit par l'emprunteur dans un acte sous-seing privé qui est opposable aux tiers et fait foi de sa date par conséquent sans être enregistré. Si cet acte était omis, la Banque rentrerait dans le droit commun.

Les garanties particulières de sécurité de notre premier établissement de crédit placé sous la surveillance et le contrôle de l'Etat permettent de faciliter et simplifier ces opérations du gage, sans qu'aucun danger puisse en résulter pour les emprunteurs.

Dans les opérations entre la Banque de France et ce qu'on appelle en pratique les « comptes courants » c'est-à-dire, les personnes admises à l'ouverture d'un compte courant à la Banque, le dépôt des effets publics est d'une grande utilité, car il remplace une des trois signatures que demande la Banque pour l'escompte des valeurs. Par ce moyen le déposant, en présentant à la Banque un effet de commerce qui lui a été passé et qu'il a endossé à son tour, obtient des avances aux conditions en général très avantageuses de la Banque, soit un taux moyen de 3 à 4 pour cent.

Les obligations hypothécaires pouvant être assimilés à celles du Crédit foncier, la Banque de France fait des avances sur ces titres, quoique aucun texte ne l'y autorise expressément. Cette faculté ne fait pas doute, car ce n'est pas là un prêt aventureux qui puisse ébranler son crédit.

Par un arrêt du 17 mai 1847 la Cour de cassation a admis que les dispositions avantageuses qui avaient été accordées à la Banque devaient être étendues aux Banques privées par ce motif que les formalités de l'article 2074 étaient incompatibles avec la circulation rapide des capitaux. Mais le banquier ne peut conformément à l'article 2079 disposer de la valeur des titres à lui remis en nantissement sous peine de se rendre coupable du délit d'escroquerie prévu par l'article 406 du Code pénal. « Et le déposant pourrait alors exiger que le banquier, « au lieu de lui restituer des titres semblables qui au moment « de la restitution n'auraient plus la même valeur qu'au mo- « ment du dépôt, lui tienne compte de la plus-value dont a « bénéficié le banquier. » (Jugement du tribunal de commerce de la Seine du 16 juin 1882.)

Comptoirs et Sous-Comptoirs d'escompte ou de garantie.

La seule dérogation au droit commun en faveur de ces établissements consistait, dès avant la loi de 1863, dans la faculté qu'ils avaient, au cas où n'étaient pas payées à l'échéance des avances sur titres, marchandises ou valeurs qu'ils avaient consenties, à procéder à la vente publique du nantissement, huit jours après une simple mise en demeure du débiteur.

Crédit Foncier.

L'article 2 de ses statuts l'autorise à prêter sur dépôts d'obligations foncières (loi du 19 juin 1857) et l'article 2 du décret du 7 août 1869 lui permet en outre de recevoir comme garantie d'avances tous autres titres admis par la Banque de France.

La loi de 1857 a créé de nombreuses exceptions au droit commun pour faciliter au Crédit foncier les opérations de cette nature : l'article 1 dispose que les articles 2074 et 2075 du Code civil ne seront point applicables aux créances sur dépôts d'obligations foncières. L'article 2 fait résulter le privilège du Crédit foncier sur l'obligation donnée en gage de l'engagement souscrit par l'emprunteur dans la forme prescrite par les articles 3 et 5 de l'ordonnance du 15 juin 1834, relative aux avances sur effets publics par la Banque de France. Enfin l'article 3 ajoute que, conformément aux dispositions de l'article 5 de l'ordonnance de 1834, le Crédit foncier pourra dès le lendemain de l'échéance, et sans qu'il soit besoin de mettre en demeure le débiteur, faire procéder par le ministère d'un agent de change à la vente du titre gagé.

CONCLUSION.

« Les lois relatives au contrat de crédit sur garanties réelles « ont à opérer une conciliation équitable entre deux intérêts « opposés ; donner au créancier un gage solide, facilement « transmissible et réalisable, et, à l'inverse, protéger le débi- « teur contre des aliénations inconsidérées, lui laisser les voies « de droit nécessaires au recouvrement de son bien. Aussi est- « il de principe dans nos législations modernes que l'affectation « réelle d'une chose ne dépouille pas le débiteur constituant « de sa propriété... C'est en invoquant ce droit que le débiteur « libéré se ressaisit du gage. Par contre, il ne fallait pas que le « souci de défendre la propriété du débiteur fît établir des « règles d'expropriation imposant au créancier, pour la réali- « sation du gage des formalités trop lentes ou trop coûteuses ; « c'eût été éloigner les capitaux et nuire par conséquent à « celui qu'on voudrait protéger (1) ».

(1) M. Cauwès, *Cours d'économie publique*, tome I, n° 663.

Telle est, synthétisée en quelques traits saisissants, toute l'économie du contrat de gage. Notre législation répond-elle à ces principes? On peut l'affirmer sans hésitation pour le gage commercial; la conciliation nécessaire entre les intérêts opposés du créancier et du débiteur a été heuseusement trouvée par le législateur de 1863. En est-il de même du droit civil? Nous ne le croyons pas. Depuis la confection du Code civil l'emprunt sur gage a cessé d'être une opération discréditée; le temps est passé où le débiteur obéré ne trouvait qu'avec peine un créancier qui consentît à accepter un nantissement, et seulement après avoir accompli les nombreuses formalités du Code. Le gage n'était alors qu'un moyen extrême pour utiliser une dernière ressource; y recourir impliquait pour le débiteur la perte absolue de son crédit et, la défaveur avec laquelle on considérait cette opération rejaillissant de l'emprunteur sur le créancier, le contrat de gage servait surtout d'aliment à l'usure. Mais depuis un demi-siècle l'activité croissante du commerce et des transactions a nécessité une circulation extrêmement rapide des capitaux; on a compris toute l'utilité du contrat de gage, aussi est-il sorti de la pratique clandestine pour entrer dans la pratique des affaires honorables. Il multiplie la fortune mobilière en jetant dans le commerce des sommes qui représentent souvent elles-mêmes un capital productif; c'est ainsi qu'un négociant, un industriel, un propriétaire, sans être pressé par le besoin, ayant en vue une spéculation fructueuse, déposera à une banque, au lieu de les vendre, des titres qu'il pense devoir produire une plus-value; et, grâce à cette opération, tout en bénéficiant de l'augmentation de ses valeurs, le déposant trouvera le capital nécessaire à l'entreprise projetée. Si ses calculs ne sont pas déjoués, sans changer la nature de son avoir, sans faire courir aucun risque au prêteur, l'emprunteur aura réalisé un double bénéfice. Ce n'est là qu'un exemple dans la variété infinie des hypothèses où se présente l'utilité du gage.

Voilà où en était en 1863 le développement du gage. Le moment était venu de tenir la promesse non réalisée de l'article 2084 et de combler les lacunes de la législation. La jurisprudence, il faut le dire à sa louange, toujours préoccupée des intérêts vitaux du commerce avait élargi autant que possible la doctrine du Code civil, notamment en faveur des meubles incorporels ; et en présence des nécessités du crédit qui imposaient un gage rapide et facile elle admit, faisant en cela quelque violence aux principes, que l'endossement d'effets de commerce, la tradition des actions, des obligations et en général de toutes les valeurs au porteur, suffisaient, même vis-à-vis des tiers pour la constitution régulière du gage. Nous savons par les explications qui précèdent que sur tous ces points elle a réformé sa doctrine.

La loi du 23 mai 1863 a créé un gage nouveau. La meilleure preuve que l'on puisse fournir de l'excellence de la loi de 1863 c'est l'absence de toute critique sérieuse de la part de la doctrine et de la pratique. Comme le demande M. Cauwès dans le passage cité plus haut, les règles d'expropriation qu'elle trace ne sont « ni trop lentes, ni trop coûteuses. » Le créancier, certain d'être remboursé, à une échéance qu'il peut calculer d'une manière précise, prête à un taux peu élevé ; de telle sorte que cette exécution rapide du gage loin de nuire au débiteur lui profite, en définitive.

Les rédacteurs de la loi de 1863 se sont inspirés des vrais principes de tout contrat de crédit réel : donner au créancier une sûreté facilement réalisable ; laisser au débiteur le temps nécessaire et les moyens de recouvrer l'objet engagé. Ils ont heureusement repoussé les idées fausses qui ne manquent jamais de se produire dans la discussion des lois concernant le crédit ; l'intérêt tout-puissant du débiteur, intérêt auquel on veut assurer une prépondérance marquée sur celui du créancier. De cette sollicitude exagérée pour la situation du débiteur sont résultées les dispositions funestes à l'intérêt général qui ont paralysé pendant longtemps la circulation des capitaux et l'activité commerciale. Ce sentiment a dicté la loi de 1867 abolissant en toutes matières la contrainte par corps, loi que les meilleurs esprits critiqueront à juste titre tant que des biens, comme les rentes sur l'Etat, seront insaisissables ; c'est toujours cette même idée qui a retardé si longtemps la loi actuelle sur le gage commercial. La situation des créanciers est aussi intéressante que celle du débiteur; dans l'état actuel du mouvement civil ou commercial des affaires, on peut dire que s'il existe des débiteurs qui ne sont que débiteurs, il n'est pas de créanciers qui ne soient que créanciers et n'aient pas eux-mêmes des obligations à remplir, des engagements à exécuter, des échéances auxquelles ils doivent faire face.

La loi de 1863 est arrivée au but qu'elle se proposait en faisant du prêt sur nantissement, et tout spécialement du nantissement qui nous occupe, celui des meubles incorporels, un des moyens les plus économiques de se procurer des capitaux à bon marché.

Avant la loi les meilleures banques et les établissements de crédit qui ne jouissaient pas des avantages exceptionnels accordés à la Banque de France, au Crédit foncier et aux Comptoirs se refusaient aux prêts sur gage à cause des frais qu'entraînait l'obligation de recourir à l'autorisation de justice.

« Nul doute, disait M. Vernier, le rapporteur de la commis-
« sion au Corps législatif, que quand la faculté dont jouissent
« les établissements privilégiés appartiendra à tous, quand
« tout prêteur quelconque sur gage commercial sera sûr de
« recouvrer facilement sa créance sans frais et au jour dit, il
« n'y ait un plus grand nombre de banquiers et de capitalistes

« disposés à prêter au commerce sur nantissement et qu'ils ne « prêtent à un taux plus modéré. On peut donc dire que favo- « riser le créancier, c'est par le fait favoriser le débiteur (1). »

Il y a vingt ans que M. Vernier s'exprimait ainsi; les avances sur titres des banques et des établissements de crédit étaient presque nulles.

Pour ne prendre qu'un exemple de l'influence féconde de la loi de 1863: une seule banque, le Crédit lyonnais accuse à son dernier bilan 81 millions 500 mille francs d'avances sur titres et nantissements.

Les résultats heureux de la loi de 1863 nous amènent à une comparaison où le Code civil n'a rien à gagner. Nous avons vu au cours de cette étude tous les côtés faibles du gage civil; le créancier est admirablement garanti; le débiteur parfaitement protégé. Les rédacteurs du Code, partant d'une idée préconçue de défiance à l'endroit du contrat de gage qui leur semblait comme un reste du contrat pignoratif, l'ont entouré de telles formalités qu'ils l'ont rendu d'une application à peu près impossible. Il offre aux commentateurs d'heureux développements et surtout il leur a fourni des théories (sur l'endossement pignoratif, sur le transfert, sur l'impignoration des titres au porteur, etc...) qui ne relèvent que du domaine législatif; il a donné lieu en jurisprudence à de nombreuses solutions, car, par cela même qu'on a cherché à le rendre praticable, on est sorti des dispositions restrictives du Code. De telle sorte que la jurisprudence a été prise dans cette impasse : ou appliquer la loi et empêcher le fonctionnement du gage, ou violer la loi pour favoriser le crédit en facilitant le gage.

Peu de réclamations s'élèvent cependant, il faut le dire, contre le gage civil ; mais cela vient de ce que la jurisprudence

(1) *Collections des lois*, Duvergier. 1863, p. 410.

admet que l'emprunt est commercial quand l'une des deux parties est commerçante, or le gage intervenant presque toujours pour garantir un emprunt, consenti par un banquier, commerçant par suite, est traité comme gage commercial. Mais que la jurisprudence revienne au principe généralement admis dans la doctrine et qui ne voit le fondement d'un emprunt commercial que dans la destination commerciale des fonds empruntés, il en résulterait une perturbation telle qu'une crise financière pourrait en être la conséquence. Les établissements de crédit qui font des avances sur titres par centaines de millions, à des particuliers, retomberaient sous le coup de la loi civile ; ils devraient s'adresser aux tribunaux pour réaliser les titres dont ils sont nantis, et la clause de l'acte qu'ils font souscrire au dépositaire leur permettant de vendre sous les conditions de l'article 93, serait nulle.

La jurisprudence maintiendra, sans doute, son opinion, car la différence que l'on prétend établir, lorsqu'il s'agit d'opérations de crédit, entre l'acte civil et l'acte commercial est presque toujours théorique. « Un acte est commercial, nous dit M. Boistel (1), de la part de l'une des parties contractantes, lorsque cette personne n'entend être qu'un *intermédiaire spéculant* sur la transmission de la valeur qui fait l'objet du contrat. » C'est une des définitions les plus larges que l'on puisse donner de l'acte commercial, d'autant plus que M. Boistel ajoute que la position d'intermédiaire spéculant est déterminée par une question d'intention. Deux critiques cependant peuvent lui être adressées. La première c'est que cette question d'intention est souvent bien difficile à saisir ; la seconde c'est que cette définition s'applique exactement à des actes auxquels tout le monde reconnaît le caractère d'acte civil. Prenons un exem-

(1) M. Boistel, *op. cit.* ; page 24, n° 30

ple. Un cultivateur achète des bestiaux; *a priori* on ne peut dire si c'est un acte civil ou commercial. Est-ce pour les revendre à court terme? l'opération est commerciale; veut-il les conserver pour l'exploitation de la terre, c'est un acte civil; que s'il a emprunté sur gage l'argent nécessaire à cette acquisition, on voit que le même fait donnera naissance, soit aux règles du gage civil, soit à celles du gage commercial; et cela au bon plaisir de l'emprunteur. Ces bestiaux, en effet, ont été achetés pour garnir une ferme, voilà un acte civil, et civils sont l'emprunt et le gage qui en ont permis l'achat; quinze jours après l'acquisition, le cultivateur trouve à revendre d'une manière avantageuse; il revend, ne peut-on pas le traiter comme un *intermédiaire spéculant?* Il a transformé l'acte civil dans son *intention* en acte commercial. Le mieux serait, pour couper court à toutes ces discussions qui roulent sur de véritables subtilités, de commercialiser tous les actes où la circulation des capitaux est en jeu et, pour le sujet qui nous occupe, ce résultat serait obtenu en étendant au gage civil la loi de 1863; le gage deviendrait alors un acte commercial par sa nature.

Nous venons de voir l'influence heureuse de cette loi, pourquoi n'en ferait-on pas bénéficier les actes civils. N'est-ce donc pas le débiteur qui profitera toujours en définitive des facilités qu'on accordera au créancier pour la constitution et la réalisation du gage?

Mais nous bornons là nos vœux et, nous nous refusons à suivre la voie dans laquelle est entré le projet de loi sur le *Crédit mobilier*, présenté au Sénat et qui propose la *constitution du gage sans déplacement de l'objet engagé.* On reviendrait ainsi au système perfectionné de l'hypothèque mobilière romaine.

La nécessité qui s'impose depuis longtemps de venir en aide à l'agriculture, afin de lui procurer, à bon marché, les capitaux nécessaires à la bonne exploitation du sol, avait fait mettre à l'étude depuis quarante années divers projets de Crédit agricole. Ces travaux aboutirent à la constitution de la Société du Crédit agricole, aujourd'hui dissoute et qui ne répondit pas aux services que l'on en attendait. En 1879, à la disparition de cette Société, le ministre nomma une commission extra-parlementaire dont M. Bozérian fut nommé président ; elle rédigea un projet divisé en trois chapitres : 1° Réforme des lois sur le cheptel : 2° Organisation du gage agricole sans déplacement des objets engagés : 3° Commercialisation des opérations agricoles. Le gouvernement s'appropria les travaux de la commission, mais, sur la demande du ministre de la justice, supprima la réforme sur le cheptel et apporta quelques modifications au projet, (notamment en chargeant le Conservateur des hypothèques de publier le gage, au lieu et place du revenu de l'Enregistrement). Le projet du gouvernement fut déposé le 22 juillet 1882. Quelques jours plus tard, M. Bozérian déposa un contre-projet qui modifiait le projet du gouvernement, il constituait des banques agricoles ; il demandait que le bénéfice du gage sans déplacement fût étendu des colons, fermiers et métayers, c'est-à-dire, des cultivateurs travaillant pour autrui, à tous les propriétaires agriculteurs, dont la proportion est par rapport aux premiers de 70 0/0, en faisant remarquer qu'agir autrement serait porter atteinte à l'un des principes fondamentaux de notre droit qui consacre l'égalité de tous les citoyens devant la loi. L'objection parut si sérieuse à la Commission nommée par le Sénat pour examiner ces projets, que, dans le rapport présenté par M. Labiche, le *Crédit agricole mobilier* est devenu le *Crédit mobilier ;* le gage sans déplacement de l'objet engagé y est autorisé pour tous les citoyens ; l'exception en faveur des agriculteurs y devient donc une règle de droit commun.

Après une discussion générale les 29 et 30 novembre 1883, dans laquelle MM. Oudet, de Gavardie, Gazagne, s'élevèrent très vivement, soutenus par un grand nombre de leurs collègues, contre le projet de loi, l'article 1er du projet, mis aux voix, fut repoussé, et M. de Parieu demanda le renvoi du projet de loi à la commission dont il était le président.

Le projet de loi sera certainement remanié, mais les partisans du gage sans déplacement de l'objet gagé, qui n'ont été en minorité que de quelques voix et sont en majorité dans la commission, reproduiront, à n'en pas douter, un autre projet de loi basé sur ce principe.

Ce mode de constitution du gage doit, ou plutôt devrait nous occuper, puisqu'il modifierait le gage des meubles incorporels. Et cependant, il semble que le droit commun transformé sur tous les autres points ait été conservé en cette matière. M. Labiche, en effet, dit dans le rapport, présenté par lui, au nom de la commission : « Il sera permis de faire des disposi-
« tions autorisant le nantissement sans déplacement... (dispo-
« sitions) applicables à tous les *meubles corporels sans excep-
« tion.* »

Pourquoi exclure les meubles incorporels de cette mesure qui doit favoriser le crédit? Ne sont-ils pas cependant l'élément principal de la fortune mobilière? Tandis que l'engagement des meubles corporels se constituera avec les procédés les plus simples, le nantissement des titres et des valeurs restera donc sous l'empire des difficultés et des controverses que fait naître le droit civil. Et le propriétaire foncier, l'agriculteur, le rentier qui gageraient leur mobilier, leurs bestiaux par une simple déclaration devant le juge de paix, publiée à la conservation des hypothèques, devraient remplir toutes les formalités du Code civil pour engager une créance à ordre, un titre au porteur! Evidemment il y a, dans le projet de loi, une lacune des plus regrettables, puisqu'il laisserait soumis, aux règles d'une rigueur excessive, les meubles incorporels dont la facilité de mise en gage doit être spécialement favorisée.

Maintenant le besoin de cette transformation absolue de notre législation en matière de gage s'impose-t-il? A notre avis la question doit se résoudre par une distinction. L'innovation serait peut-être heureuse pour les agriculteurs. Les animaux, les ustensiles aratoires ne constituent des objets susceptibles de fournir un crédit utile qu'à la condition de ne pas être enlevés à l'agriculteur; le précaire adjoint au *pignus* nous témoigne que cette idée avait frappé les Romains. Peut-être trouverait-on d'autres professions où le matériel de l'ouvrier, ayant une assez grande valeur, devrait lui rendre, au besoin, le même service! Mais encore n'est-ce pas aux conditions du projet de loi! Pour donner une sécurité sérieuse au gagiste et exciter les capitalistes à prêter à l'agriculteur colon, fermier ou métayer, le projet restreint le privilège du propriétaire à deux années de loyer et à l'année courante, par analogie de la loi du 20 février 1872, portant modification de l'article 550 du Code de commerce. On assimile, par conséquent, le propriétaire d'un héritage rural au propriétaire d'une maison de ville. La disposition n'est pas heureuse. Alors que le propriétaire urbain retire, en général, de son immeuble un rapport dont la moyenne nette peut être évaluée à 5 0/0 de la valeur, que ses termes sont payés à échéances fixes et rapprochées, qu'il est encore protégé par l'organisation de la faillite, si son locataire devient insolvable, le propriétaire d'un bien rural, lui, ne retire qu'un revenu qui dépasse rarement 2 0/0, revenu grevé encore des réparations d'entretien, ses fermages sont toujours à des échéances distantes d'une année, jamais à l'époque convenue; si le fermier tombe en déconfiture, aucune loi ne vient au secours du maître. Voilà les deux propriétaires dont la position a semblé analogue aux auteurs du projet. La loi, si elle était adoptée, obligerait le propriétaire rural, soucieux de ses intérêts, à exiger exactement du colon les fermages à l'échéance. Quelle sera la victime? Le fermier. Chaque bail portera, de plus, comme clause de style, que tous les objets garnissant la ferme sont gagés pour garantie du paiement des loyers ; la loi sera tournée, le crédit du fermier qu'y gagnera-t-il ? Pourquoi toucher au privilège du propriétaire? Le mobilier agricole est généralement bien supérieur à la garantie nécessaire au paiement des loyers ; que l'on autorise alors, si l'on veut, le gage sans déplacement ; toute la portion du mobilier agricole disponible sera l'élément d'un crédit utile pour le fermier. Le gagiste s'assurera de la valeur de cette portion libre en se faisant représenter par le fermier le bail qui lui indiquera le prix de ferme et les quittances du propriétaire qui lui fourniront la preuve des loyers payés. Le gage est-il à courte échéance, un an, deux ans ? le gagiste n'aura pas à craindre l'amoncellement des loyers. Est-il à longue échéance ? qu'une clause de l'acte de gage oblige le fermier à lui présenter annuellement les quittances de loyer, sous peine de remboursement immédiat et d'exécution du gage.

En dehors de cette hypothèse du gage agricole, l'innovation que consacre le projet de loi ne nous paraît pas utile. Laisser au débiteur la possession de l'objet engagé c'est lui donner le moyen de se procurer un crédit immérité ; la publicité, prétend-on, parera à la fraude que voudrait tenter le débiteur ! Alors les prêteurs, les banquiers, devront assiéger le bureau du conservateur des hypothèques pour connaître la situation de l'emprunteur ; et cela le jour même où ils lui remettront les fonds. Ce serait ériger la défiance en loi, et on n'oserait prêter à personne de peur que tous ses meubles soient engagés ! Ou plutôt, en pratique, comme les relations commerciales et civiles ne peuvent se ralentir, les prêteurs ne se renseigneraient pas plus qu'auparavant, la loi seulement servirait contre eux les calculs de la mauvaise foi.

En résumé, si le gage sans déplacement peut être d'une grande utilité aux agriculteurs, il n'y a pas de raisons sérieuses pour l'étendre aux autres citoyens, alors que la loi du 23 mai 1863 assure, appliquée au droit civil, les heureux résultats qu'elle a donnés en droit commercial.

POSITIONS

Droit romain

I. L'hypothèque est d'origine grecque (p. 12).

II. L'hypothèque confère au créancier un droit réel (p. 35).

III. L'*actio utilis* résultant du *pignus nominis* au profit du créancier est personnelle (p. 45).

IV. Au Bas-Empire le *pignus pignoris* est une variété du *pignus nominis* (p. 57).

V. L'obligation *litteris* existe par sa seule mention sur les registres du créancier.

VI. Le contrat *litteris* n'existe plus sous Justinien.

VII. Le *Jus offerendæ pecuniæ* ne pouvait exister qu'entre créanciers hypothécaires; les créanciers chirographaires simples ou privilégiés ne pouvaient en jouir.

VIII. L'obligation du fidéjusseur qui s'est obligé *in duriorem causam* est complètement nulle.

Droit civil

I. Une simple convention de gage suffit pour que le créancier puisse, après l'époque fixée par le tribunal comme étant celle de la cessation des paiements ou dans les dix jours qui précèdent, se faire mettre en possession du gage (pp. 84 et 85).

II. Dans le contrat de gage simple, c'est-à-dire dans celui dont les effets doivent se borner aux rapports des parties contractantes, le droit de rétention n'est pas opposable aux tiers (p. 90).

III. Le droit au bail peut être mis en gage (pp. 109 et 162).

IV. Il en est de même de l'obligation de faire ou de ne pas faire (p. 98).

V. La mise en gage des titres au porteur ne peut avoir lieu qu'en observant les formalités des articles 2074 et 2075 (p. 150).

VI. Le créancier gagiste ne peut invoquer son droit de gage sur des titres nominatifs qui lui ont été donnés en nantissement par une personne au nom de laquelle ils étaient immatriculés, si cette personne n'en était pas propriétaire (p. 76).

VII. Le propriétaire de titres au porteur ne peut revendiquer, en dehors des cas de perte ou de vol, contre le créancier gagiste, si celui-ci est de bonne foi, ni lui réclamer de dommages-intérêts (p. 74).

VIII. L'article 2082 1° confère au créancier gagiste un droit de rétention opposable aux tiers, mais à condition que les formalités des articles 2074 et 2075 aient été remplies (p. 183).

IX. L'article 1798 confère aux ouvriers un véritable privilège. Ce privilège doit être étendu aux sous-traitants.

X. L'hypothèque garantissant une ouverture de crédit prend rang du jour de son inscription, lors même que le crédit n'est réalisé qu'à une époque postérieure.

Droit commercial

I. Les titres nominatifs ne sont valablement constitués en gage que par la remise du titre en plus du transfert.

II. Le créancier gagiste peut renoncer au bénéfice de l'article 93 du Code de commerce et demander à la justice que le gage lui demeure en paiement jusqu'à due concurrence, d'après estimation faite par expert (article 2078 du Code civil). Mais le débiteur ne sera tenu de supporter que des frais égaux à ceux qu'aurait occasionnés l'application de l'article 93 du Code de commerce.

Histoire du droit

I. L'établissement des Francs en Gaule n'est pas le fait d'une conquête violente; il s'est produit d'une manière différente suivant les époques (avant ou après Clovis), et suivant les régions.

II. La vengeance privée subsista chez les Francs après leur établissement en Gaule.

III. L'engagement des créances est pratiqué et permis dès la fin du XIVe siècle (p. 64).

Droit criminel

I. Si une loi nouvelle rendant la pénalité plus douce est édictée, la nouvelle loi aura un effet rétroactif et s'appliquera aux faits commis sous l'empire de la législation précédente.

II. Les prescriptions commencées sous l'empire de la loi ancienne, et qui n'étaient pas consommées au profit du délinquant, sont réglées par la loi en vigueur à l'époque où elles ont été terminées.

Droit administratif

I. Le lit des petites rivières est la propriété des riverains.

II. Les chemins vicinaux non classés sont prescriptibles.

Procédure

I. Quand un acte est à la fois commercial et civil, le juge compétent est celui du défendeur.

II. Le juge chargé d'une commission rogatoire ne peut procéder que dans l'étendue de son ressort.

Droit constitutionnel

I. Le fonctionnement du régime parlementaire nécessite deux Chambres issues d'un mode de suffrage différent.

II. Le Sénat et la Chambre des députés ont un pouvoir égal dans les lois de finance ; sous cette seule réserve que ces lois doivent d'abord être présentées à la Chambre des députés.

Vu par le Doyen,
Ch. Beudant.

Vu par le Président,
P. Cauwès.

Vu et permis d'imprimer,
Le Vice-Recteur de l'Académie de Paris,
Gréard.

TABLE.

—

DROIT ROMAIN.

DROIT CIVIL.

CHAPITRE Ier.

CHAPITRE II

CHAPITRE III.

CHAPITRE IV.

CHAPITRE V.

CHAPITRE VI.

CHAPITRE VII.

CHAPITRE VIII.

CHAPITRE IX.

DROIT COMMERCIAL.

CHAPITRE I.

CHAPITRE II.

CHAPITRE III.

Saint-Maixent. — Impr. Reversé.

Paris. — A. PARENT, imp. de la Fac. de méd., A. DAVY, succr
52, rue Madame et rue M.-le-Prince, 14.

www.ingramcontent.com/pod-product-compliance
Lightning Source LLC
Chambersburg PA
CBHW060351200326
41519CB00011BA/2114

* 9 7 8 2 0 1 9 5 3 7 3 0 2 *